한 평신도의 특별한 성경 해석과 적용

진정한 예배자의 삶

라온시우터

우리가 믿고 있는 하나님,
그분이 바라시는 일은 과연 무엇인가?
초대교회의 모습을 닮은
공동체의 삶을 추구!

북랩 book Lab

KB191964

차 / 례

머 / 리 / 말

이 책은 매일 큐티(quiet time) 예배를 통해 성경 속에 숨어 있는 하나님의 뜻을 찾아 세상의 상황과 표현으로 해석하여 적용하고자 하는 의도로 탄생했다. 그러므로 독자분들이 성경을 이해하기 위한 참고서로 활용하시면 좋으리라 생각된다.

예배의 3요소인 말씀·기도·찬양을 싣고, 방대한 성경 속에서 알고자 하는 내용의 말씀을 토대로, 역사적 배경과 당시의 상황을 통해 등장인물에 대해 해석했다. 혹자는 특정 구절을 통해 한정되고 자의적 판단을 했다고 할 수도 있을 것이다. 그렇지만 성경에서 중요하게 다루는 부분을 통해 성경 전체의 숲에서 각 나무들의 위치와 현상을 제대로 보고자 했다. 또한 성경을 공부하는 신자 입장에서 교회에서 소외시하는 내용들을 담고자 했다. 물론 필자와 다른 생각을 가지신 분들도 있겠지만, 하나님께서 주신 은사와 직분이 각각 다르기에 코끼리 다리만 만졌다 하더라도, 나름 의미가 있을 수 있겠다.

성부·성자·성령의 삼위일체 내 유사 주제별로 정리하고, 하나님이 기뻐하시는 삶을 살기 위해서 교육·신앙·생활 공동체의 정의와 필요성, 해외 사례, 구성 방법에 대해 주님께서 주신 생각과 의견을 분석, 정리했다.

필자는 현재 '기쁜 우리 공동체'라는 뜻의 순우리말인 '라온시우터'를 네이버 카페에서 운영 중이며, 주님의 허락하에 실제적 공동체가 터전을 이루고 기쁨과 슬픔을 함께 나누기를 기도하고 있다. 여러모로 부족한 내용을 담고 있지만 이것이 향후 가정·사회·국가를 살리는데 화두를 던질 수 있다면, 훌륭하신 독자분들에 의해 더욱 발전되고 승화될 것을 믿어 의심치 않는다.

필자는 과거 교회에 다니며 하나님을 잘 믿는다고 착각하고, 부와 명예, 세상적 출세 등을 향한 욕심에 사로잡혀 잘못과 죄 가운데 살아왔다. 이렇게 필자와 유사한 세계에서 방황하며 타락의 길로 빠져드는 분들이 있다면, 이 글이 도움이 되었으면 한다. 하나님의 생각과 방법대로 사는 것이 얼마나 기쁘고 평안한지 알게 되는 계기가 되기를 소망한다.

지금까지 살아오면서 주님의 길로 갈 수 있도록 도와주고 노력하는 가족들과 지인들에게 깊은 감사를 드리며, 다 함께 주 안에서 합력하여 선을 만드는 공동체로 살아가기를 기도한다.

2017년 11월 11일

제1장

하나님은 누구신가?

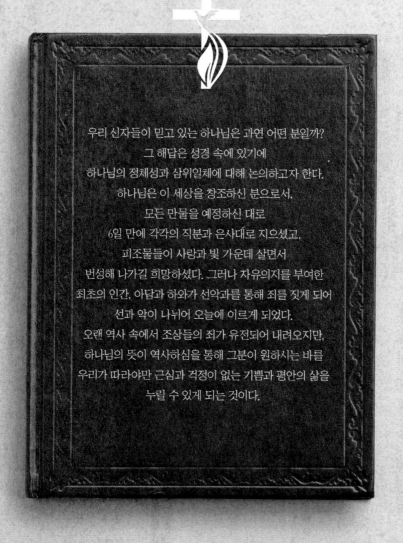

우리 신자들이 믿고 있는 하나님은 과연 어떤 분일까?
그 해답은 성경 속에 있기에
하나님의 정체성과 삼위일체에 대해 논의하고자 한다.
하나님은 이 세상을 창조하신 분으로서,
모든 만물을 예정하신 대로
6일 만에 각각의 직분과 은사대로 지으셨고,
피조물들이 사랑과 빛 가운데 살면서
번성해 나가길 희망하셨다. 그러나 자유의지를 부여한
최초의 인간, 아담과 하와가 선악과를 통해 죄를 짓게 되어
선과 악이 나뉘어 오늘에 이르게 되었다.
오랜 역사 속에서 조상들의 죄가 유전되어 내려오지만,
하나님의 뜻이 역사하심을 통해 그분이 원하시는 바를
우리가 따라야만 근심과 걱정이 없는 기쁨과 평안의 삶을
누릴 수 있게 되는 것이다.

하나님은 사랑

요한1서 4장 16절 "하나님이 우리를 사랑하시는 사랑을 우리가 알고 믿었노니 **하나님은 사랑이시라** 사랑 안에 거하는 자는 하나님 안에 거하고 하나님도 그의 안에 거하시느니라"는 하나님과 사랑이 동일하다는 것을 말씀하신다. 사랑에 대한 정의를 먼저 알아보려면 고린도전서 13장 전체를 이해해야 한다. 그중에 4-7절 "**사랑은 오래 참고 사랑은 온유하며 시기하지 아니하며 사랑은 자랑하지 아니하며 교만하지 아니하며 무례히 행하지 아니하며 자기의 유익을 구하지 아니하며 성내지 아니하며 악한 것을 생각하지 아니하며 불의를 기뻐하지 아니하며 진리와 함께 기뻐하고 모든 것을 참으며 모든 것을 믿으며 모든 것을 바라며 모든 것을 견디느니라**"에서 우리가 타인과의 관계 속에서 어찌 살아야 하는지를 알려 주신다. 인내, 온유, 진리, 믿음, 소망을 갖고 시기, 자랑, 교만, 무례, 사익, 분노, 불의와 멀리하며 살아가야 하는 것이다. 사랑은 하나님이 주신 최고의 은사(고전 12:31)이며, 방언과 신유의 은사보다 더 큰 것이다. 그러므로 두 가지의 큰 계명 역시 하나님과 인간에 대한 사랑을 강조하신다. 마태복음 22장 37-40절 "**예수께서 이르시되 네 마음을 다하고 목숨을 다하고 뜻을 다하여 주 너의 하나님을 사랑하라 하셨으니 이것이 크고 첫째 되는 계명이요 둘째도 그와 같으니 네 이웃을 네 자신같이 사랑하라 하셨으니 이 두 계명이 온 율법과 선지자의 강령이니라**"는 말씀은 사랑은 성령의 9가지 열매 중 첫 번째이자 모두를 대표하고 포함하는 것으로, 사랑만 있으면 다른 것이 부족해도 보완하면서 나아갈 수 있다는 것을 알려 주신다. 완전한 사랑은 부족할 것이 없는 필요충분조건과도 같다. 사랑의 구체적 실천 방법으로써 형제자매를 사랑하라고 분명히 말씀하신다. 여기서 형제는 하나님 안에서 살고자 애쓰는 사람들이지, 악을 신봉하는 무리들이 아님을 구별해야 한다. 다만 악을 좇는 사람들을 위한 구원의 기도를 드리고, 그들을 선한 길로 권유하는 것이 믿음의 성도들이 해야 할 본분이다. 요한1서 4장 20-21절 **"누구든지 하나님을 사랑하노라 하고 그 형제를 미워하면 이는 거짓말하는 자니 보는바 그 형제를 사랑하지 아니하는 자는 보지 못하는바 하나님을 사랑할 수 없느니라 우리가 이 계명을 주께 받았나니 하나님을 사랑하는 자는 또한 그 형제를 사랑할지니라"**에서는 보이는 실체도 사랑하지 못하면서 보이지 않는 하나님만 사랑할 수 없음을 알려 준다. 보이거나 보이지 않거나 관계없이 실행해야 하는 것이 사랑이기 때문이다.

주님! 저를 미워하고 조롱하는 형제자매들을 원망하는 마음이 의식적이든 무의식적이든 사라지지 않는 이 죄인을 불쌍히 여기시고 말씀과 기도와 찬송으로 인내·온유·진리·믿음·소망을 품은 사랑의 마음을 갖게 하소서. 아멘.

찬양 : 하나님 사랑은

하나님의 뜻

데살로니가전서에 **"하나님의 뜻은 이것이니 너희의 거룩함이라** 곧 음란을 버리고 각각 거룩함과 존귀함으로 자기의 아내 취할 줄을 알고"(4:3-4)와, **"항상 기뻐하라 쉬지 말고 기도하라 범사에 감사하라** 이는 그리스도 예수 안에서 너희를 향하신 하나님의 뜻이니라 성령을 소멸치 말며 예언을 멸시치 말고 범사에 헤아려 좋은 것을 취하고 악은 모든 모양이라도 버리라"(5:16-22)고 하나님의 뜻을 표현하고 있다. 데살로니가 교회는 바울이 2차 전도 여행 중 개척한 교회로, 현재 그리스 지역이며 올림푸스 산 위쪽의 항구 도시이다. 당시 '환난 중에 승리하는 교회'로서 견고한 믿음의 본을 보였다. 이 서신은 A.D. 51년경에 작성한 것으로 알려져 있다. 이 말씀에 따라 하나님의 뜻을 정리하면,

첫째, 거룩이다. 아내에 대한 거룩과 존귀를 강조한 것은 아마도 남자들이 더 음란과 정욕에 연약하기 때문일 것이다. 부정 없이 깨끗하게 사는 것이 경건이요 거룩인데, 히브리서 12장 14절 **"모든 사람으로 더불어 화평함과 거룩함을 좇으라 이것이 없이는 아무도 주를 보지 못하리라"**에서 화평과 거룩이 얼마나 중요한 주님의 뜻인지 강조하고 있다.

둘째, 항상 기뻐하는 것이다. 주어진 상황에 관계없이 모든 일을 긍정적이고 적극적 자세로 임하는 것이다.

셋째, 쉬지 말고 기도하는 것이다. 걸을 때나 먹을 때나 장소와

시간에 구애 없이 짧게라도 기도하는 자세로 살아가는 것이다.

넷째, 범사에 감사하는 것이다. 남이 나를 함부로 대하고 욕하며 업신여겨도 감사함으로 받아들이고 그를 위해 용서와 구원의 간구를 하는 것이며, 먹을 것, 입을 것이 부족해도 만족하는 마음으로 사는 것이다. 둘째에서 넷째 사이에 있는 **"항상, 쉬지 말고, 범사에"**라는 말은 같은 의미로 늘, 언제나, 어디서나 같은 행동을 하는 것이며, 매일, 매 순간 실천해야 하는 강령이다.

다섯째, 성령과 예언과 함께 동행하며 선을 취하고 악을 버리는 것이 주님의 뜻이다.

이 다섯 가지를 보면 말로는 쉽게 보이지만, 항상 이것들을 지키며 사는 것은 매우 어려운 일이다. 그러나 신자라면 반드시 실천해야 할 의무이니, 자연스럽게 생활 속에서 나타내기 위해 큐티 예배를 소홀히 하지 말고 주님과 만남의 시간을 자주 가져야 할 것이다.

주님, 주님의 뜻을 따라 제대로 살고자 원하오니 하나님 아버지의 뜻이 제 뜻이 될 수 있게 인도하시고, 거룩·희락·기도·감사·성령·예언을 통해 선한 길로 이끌어 주소서. 아멘.

찬양 : 하나님 아버지의 마음

하나님의 나라와 그 의

과연 하나님이 우리 신자들에게 원하시는 것은 무엇일까?

이사야에게 성령을 통해 명령하신 말씀을 전국 순례 중 어느 교회 기도실에서 받았다. 이사야 61장 1-3절 "주 여호와의 영이 내게 내리셨으니 이는 여호와께서 내게 기름을 부으사 가난한 자에게 아름다운 소식을 전하게 하려 하심이라 나를 보내사 마음이 상한 자를 고치며 포로 된 자에게 자유를, 갇힌 자에게 놓임을 선포하며 여호와의 **은혜의 해**와 우리 하나님의 **보복의 날**을 선포하여 모든 슬픈 자를 위로하되 무릇 시온에서 슬퍼하는 자에게 화관을 주어 그 재를 대신하며 기쁨의 기름으로 그 슬픔을 대신하며 찬송의 옷으로 그 근심을 대신하시고 그들이 의의 나무 곧 여호와께서 심으신 그 영광을 나타낼 자라 일컬음을 **받게 하려 하심이라**"고 표현되는바, 예수께서도 공생애 초기 고향인 나사렛 회당에서 이 글을 읽고 가르치셨으니 성도들에게 주시는 매우 중요한 메시지(눅 4:18-19)임을 알 수 있다. 다윗도 시편 41편 1-3절 "**가난한 자를 보살피는 자에게 복이 있음이여 재앙의 날에 여호와께서 그를 건지시리로다 여호와께서 그를 지키사 살게 하시리니 그가 이 세상에서 복을 받을 것이라 주여 그를 그 원수들의 뜻에 맡기지 마소서 여호와께서 그를 병상에서 붙드시고 그가 누워 있을 때마다 그의 병을 고쳐주시나이다**"에서 같은 맥락의 글을 썼는데, 하나님은 가난하고 마음에 상처를 입고 세상적 욕심에 사로잡혀 갇혀 있거나 노예처럼 살아가는 사람들을 구원하기 위한 사명을 실행하는 자에게도 주님의 사랑과 은혜가 함께하시니 양자(가난한 자와 보살피는 자) 모두에게 풍요와 위로·자유·평안을 주시는 것이다. 여기서 은혜의 해(year)는 특정의 날이기보다는 매일, 매주, 매달, 매년 우리에게 한없이 항상 은혜 주심을 의미하니, 우리는 이 말씀을 언제, 어디서나 전파해야 할 사명이 있다.

이사야 61장 8-10절 "**무릇 나 여호와는 정의를 사랑하며 불의의 강탈을 미워하여 성실히 그들에게 갚아주고 그들과 영원한 언약을 맺을 것이라 그들의 자손을 뭇 나라 가운데에, 그들의 후손을 만민 가운데에 알리리니 무릇 이를 보는 자가 그들은 여호와께 복 받은 자손이라 인정하리라 내가 여호와로 말미암아 크게 기뻐하며 내 영혼이 나의 하나님으로 말미암아 즐거워하리니 이는 그가 구원의 옷을 내게 입히시며 공의의 겉옷을 내게 더하심이 신랑이 사모를 쓰며 신부가 자기 보석으로 단장함 같게 하셨음이라**"는 하나님이 어떤 분이신지를 잘 표현하는 구절이다. 하나님은 의를 추구하고 세우시는 분으로서, 우리가 회개함으로 구원받고 은혜의 해를 보낼 수 있는 것의 최종 목표는 바로 '그 나라와 그 의를 구하고 행하여 이루는 것'이다. 예수님도 마태복음 6장 33절 "**너희는 먼저 그의 나라와 그의 의를 구하라 그리하면 이 모든 것을 너희에게 더하시리라**"에서 이사야의 구절을 간략하게 정리하셨다. 또한 산상수훈에서 의를 중시하여 8가지 중 2가지나 강조하셨으며, 의에 주리고 목말라 핍박을 받더라도 의를 위해 살면 복이 있어 천국을 볼 정도로 이 세상에서 평안과 기쁨을 얻게 된다고 설명하신다. 결국 하나님의 의는 어려운 이웃을 사랑으로 돌보고 보살피며, 서로 나눔과 섬김을 다하는 공동체의 삶을 사는 가운데 나타나는 것이다.

주님, 주님께서 알게 하신 이 모든 것이 사명이든 소명이든 소원이든 그 나라와 그 의를 이루기 위해 자신의 생각을 완전히 내려놓고 주 뜻대로 살게 하소서. 아멘.

찬양 : 사명

공평하신 하나님

우리가 사람을 뽑아 직분을 맡기고자 할 때 하나님의 방법은 무엇일까?

역대상 24장 5절 **"이에 제비 뽑아 피차에 차등이 없이 나누었으니 이는 성전의 일을 다스리는 자와 하나님의 일을 다스리는 자가 엘르아살의 자손 중에도 있고 이다말의 자손 중에도 있음이라"**에서 보면, 레위 지파에서 제사장의 직분을 나눔에 있어 차별이나 구별 없이 평등하게 순서를 정하고 일을 분배했다. 제비를 뽑는다는 것이 어쩌면 인간의 주관적 생각을 배제하고 하나님의 뜻에 맞도록 모든 것을 내려놓고 맡기는 제도일 수 있다. 우리가 놀이를 할 때 순서를 정하거나 승패를 결정하는 경우 '가위바위보'를 하는 것이 공정하게 진행되면, 모두가 동의하는 결과로 승복하게 되는 것과 비슷하지 않을까? 제비뽑기가 구약 시대의 유물로써만 가치 있지는 않을 것인바, 신약에서 배도한 유다 대신 12번째 제자를 다시 뽑을 때도 사용되었다. 또 31절 "이 여러 사람도 다윗 왕과 사독과 아히멜렉과 제사장과 레위 우두머리 앞에서 그들의 형제 아론 자손처럼 **제비 뽑혔으니 장자의 가문과 막내 동생의 가문이 다름이 없더라**"에서 보면, 당시 장자 우선의 제도가 있었지만, 하나님의 사명을 감당하는 레위 지파에 대해 차별이 없고 모두가 공평한 상태에서 일을 하게끔 하셨다. 이는 몇 사람에 의해 결정되는 현재 교회 직분 시스템과는 다름을 느끼게 한다. 25장 8절 "이 무리의 **큰 자나 작은 자나 스승이나 제자를 막론하고 다같이 제비 뽑아** 직임을 얻었으니"를 보면, 노래하는 자들을 선별할 때 제비를 뽑았는데, 성전 문지기들, 성전 곳간지기들, 군대장들, 지파 관장들을 뽑을 때도 부분적으로 이것을 사용하여 개인의 사심이나 주관적 편견을 배제했다.

　로마서 3장 22-24절 "곧 예수 그리스도를 믿음으로 말미암아 모든 믿는 자에게 미치는 **하나님의 의니 차별이 없느니라** 모든 사람이 죄를 범했으매 하나님의 영광에 이르지 못하더니 **그리스도 예수 안에 있는 속량으로** 말미암아 하나님의 은혜로 **값 없이 의롭다 하심을 얻은 자 되었느니라**"에서 하나님의 의는 차별 없이 공평무사하시고 모든 이에게 대가 없이 주시는 은혜니, 예수 그리스도의 십자가 보혈로 우리가 죄로부터 구원받고 새롭게 태어나는 기회를 얻어 하나님의 영광을 위해 살게 되는 것을 감사할 수밖에 없는 것이다. 차별이 없는 세상이 되어야 하는 것은 예나 지금이나 추구해야 할 같은 사안이지만 아직도 불완전하게 진행되고 있다. 불과 60여 년 전인 1955년쯤 미국은 인종차별이 심한 시대이기에 한 버스 안에서도 흑인과 백인의 자리가 구분되어 있었다. 그런데 로자 팍스라는 흑인 여성이 백인 자리에 앉아서 체포되어 '버스 승차 거부 운동'이 일어났고 법적 소송에서 승리했다. 그럼으로써 인종차별 제도가 폐지되어 화장실, 식당, 도서관에서도 자리 구분의 악습이 사라지게 되었다.

아이러니한 것은 2천 년 전에도 이스라엘과 비이스라엘 사이에서 이와 유사한 상황이 일어났다는 것이다. 비이스라엘인들을 이방인으로 취급하여 비할례자이며 선택받지 못한 자로서 신앙뿐 아니라 생활에서도 차별하고 극단적으로는 노예처럼 대우했다. 베드로가 이방인들과 식사하다가 유대인들이 들어오는 것을 알고 피했던 사실로부터 바울의 힐책을 받았던 것을 우리는 성경에서 익히 알고 있다(갈 2:11-21). 그랬던 베드로가 사도행전 15장 8-11절 **"또 마음을 아시는 하나님이 우리에게와 같이 그들에게도 성령을 주어 증언하시고 믿음으로 그들의 마음을 깨끗이 하사 그들이나 우리나 차별하지 아니하셨느니라 그런데 지금 너희가 어찌하여 하나님을 시험하여 우리 조상과 우리도 능히 메지 못하던 멍에를 제자들의 목에 두려느냐 그러나 우리는 그들이 우리와 동일하게 주 예수의 은혜로 구원 받는 줄을 믿노라"**에서 율법에 얽매여 비할례자를 차별하지 말라고 얘기하고 있다. 성령의 인도하심이 베드로의 과거의 생각과 습관을 바꾸시고 새롭게 거듭나도록 한 것이다.

따라서 한 흑인 여성의 담대한 저항이 있었기에, 또한 바울의 책망이 있었기에 잘못된 제도나 관행이 검토, 수정되며 올바르게 세워지는 것이다. 그러므로 악인으로부터 핍박과 조롱을 받더라도, 의로운 길을 선택하는 것이 신자의 길이며 삶임을 명심해야 한다. 지금도 위와 같은 불평등과 차별, 부정·부패의 잘못된 관습이 상존하는바, 우리는 이것을 주님의 지혜와 방법으로 고쳐가야 한다. 약한 자, 힘없는 자, 눈먼 자, 갇힌 자, 상처받은 자의 입장에서 생각하고 바꿔야 하는 것이다. 우리는 아직도 악하고 힘센 자 옆에서, 앞에서, 뒤에서 호가호위하고 있지는 않은지 돌아봐야 할 것이다.

주님, 잘못된 것을 알면서도 관습 때문에, 다수의 힘 때문에 의를 저버리고 불의에 타협하는 삶을 살지 않게 하시고 지금 이곳의 문화와 제도들이 하나님의 방법이 아닌 인간의 방법과 욕심에 의해 움직여지는 것은 아닌지 뒤돌아보게 하시며 객관적이고 공평한 하나님의 방법으로 살아갈 수 있는 세상의 규율과 관례가 만들어져 차별 없는 곳이 되도록 지혜를 주소서. 아멘.

찬양 : 공평하신 하나님(나 가진 재물 없으나)

여호와의 날

아모스 5장 18, 20, 22-24절을 연결하여 보면 **"화 있을진저 여호와의 날을 사모하는 자여 너희가 어찌하여 여호와의 날을 사모하느냐 그 날은 어둠이요 빛이 아니라 여호와의 날은 빛 없는 어둠이 아니며 빛남 없는 캄캄함이 아니냐 너희가 내게 번제나 소제를 드릴지라도 내가 받지 아니할 것이요 너희의 살진 희생의 화목제도 내가 돌아보지 아니하리라 네 노랫소리를 내 앞에서 그칠지어다 네 비파 소리도 내가 듣지 아니하리라 오직 정의를 물 같이, 공의를 마르지 않는 강 같이 흐르게 할지어다"**에서 하나님께서 정하신 날을 설명하고 계신다. 아모스 선지자의 활동 시대는 북이스라엘을 위협하던 아람의 벤하닷 3세가 앗수르에 의해 패하자 북이스라엘의 여로보암 2세가 다메섹 북방 하맛까지 영토를 확장하여 솔로몬 이후 최고의 황금기를 누린 때이다. 하지만 외적 번영은 오히려 사치와 향락, 계층 간 갈등과 소외 현상, 우상 숭배와 불신앙을 가져왔다. 하나님께서는 남유다 출신 농부이던 아모스를 북이스라엘로 파송하여 공의의 메시지를 선포하게 하신다. **'여호와의 날'**은 하나님의 나라가 완성되는 '주의 날'로서 두 가지 의미를 갖는다. 첫째, 하나님께서 지상의 모든 죄악과 사망의 세력을 심판하시는 크고 두려운 **'심판의 날'**인 동시에 둘째, 당신을 바라는 자들에게 승리와 구원을 베푸시는 **'은혜의 날'**이다. 이 날에는 모든 차별이 없어지고 죄가 소멸되며 하나님의 준엄한 심판이 집행될 것이니 예수님의 **'재림의 날'**이며, 마침내

새 하늘과 새 땅이 완성될 것이다.

심판의 날에 대한 다른 말씀을 정리해 보면, 다음과 같다.

"너희는 애곡할지어다 여호와의 날이 가까웠으니 전능자에게서 멸망이 임할 것임이로다" (사 13:6)

"여호와께서 그의 군대 앞에서 소리를 지르시고 그의 진영은 심히 크고 그의 명령을 행하는 자는 강하니 여호와의 날이 크고 심히 두렵도다 당할 자가 누구이랴" (욜 2:13)

"주 여호와 앞에서 잠잠할지어다 이는 여호와의 날이 가까웠으므로 여호와께서 희생을 준비하고 그가 청할 자들을 구별하셨음이니라" (습 1:7)

"환난을 받는 너희에게는 우리와 함께 안식으로 갚으시는 것이 하나님의 공의시니 주 예수께서 자기의 능력의 천사들과 함께 하늘로부터 불꽃 가운데에 나타나실 때에 하나님을 모르는 자들과 우리 주 예수의 복음에 복종하지 않는 자들에게 형벌을 내리시리니 이런 자들은 주의 얼굴과 그의 힘의 영광을 떠나 영원한 멸망의 형벌을 받으리로다" (살후 1:7-9)

이 말씀들에서 알 수 있는 것은 여호와의 날은 세상 전체에 한 번만 있는 것이 아니라 부분적으로 그 시대에 맞게 역사하신다는 것이다. 그러므로 나에게 오지 않았다고 해서 심판의 날이 아직 오지 않았다고 말할 수 없을 것이다.

예수님의 재림을 통한 은혜의 날에 대한 말씀도 있다.

"그 날에 그가 강림하사 그의 성도들에게서 영광을 받으시고 모든 믿는 자들에게서 놀랍게 여김을 얻으시리니 이는 우리의 증거가 너희에게 믿어졌음이라 이러므로 우리도 항상 너희를 위하여 기도함은 우리 하나님이 너희를 그 부르심에 합당한 자로 여기시고 모든 선을 기뻐함과 믿음의 역사를 능력으로 이루게 하시고 우리 하나님과 주 예수 그리스도의 은혜대로 우리 주 예수의 이름이 너희 가운데서 영광을 받으시고 너희도 그 안에서 영광을 받게 하려 함이라" (살후 1:10-12)

"보라 내가 새 하늘과 새 땅을 창조하나니 이전 것은 기억되거나 마음에 생각나지 아니할 것이라" (사 65:17)

"내가 지을 새 하늘과 새 땅이 내 앞에 항상 있는 것같이 너희 자손과 너희 이름이 항상 있으리라 여호와의 말이니라" (사 66:22)

"또 내가 새 하늘과 새 땅을 보니 처음 하늘과 처음 땅이 없어졌고 바다도 다시 있지 않더라" (계 21:1)

이 말씀들은 여호와의 날이 악인에게는 심판의 날이 될 것이고 의인에게는 은혜의 날이 될 것임을 알려 주고 있다.

재림의 날에 대해서는 데살로니가전서 4장 15-17절 "우리가 주의 말씀으로 너희에게 이것을 말하노니 주께서 강림하실 때까지 우리 살아남아 있는 자도 자는 자보다 결코 앞서지 못하리라 주께서 호령과 천사장의 소리와 하나님의 **나팔 소리로 친히 하늘로부터 강림하시리니 그리스도 안에서 죽은 자들이 먼저 일어나고 그 후에 우리 살아남은 자들도 그들과 함께 구름 속으로 끌어 올려 공중에서 주를 영접하게 하시리니** 그리하여 우리가 항상 주와 함께 있으리라"에서 말씀하신다. 그냥 죽은 자가 아닌 그리스도를 위해 죽은 자, 순교한 분들이 나팔 소리와 함께 부활하여 살아나고, 그리스도 안에 있는 믿음의 형제 자매들도 선배님들과 함께 공중부양하여 주님을 만나게 되는 것은 기적이 일어나는 것과 같다. 하지만 우리의 믿음은 마술과 같은 행위가 아니라, 진정 주님의 뜻대로 준행하는 성도들의 행위이다. 그러므로 어떤 일이 생기더라도 모든 것을 주님께 맡기고 따라가면 된다. 완전히 자신을 버리는 몸·맘·영이 일치될 때, 주님과 동행하게 될 것이다. 세상의 지식과 인간의 판단으로 알 수 없는 놀라운 기적이 현실화될 때 비로소 깨달아도 이미 늦어버린다는 것을 잊지 말아야 한다. 화장을 하여 자신의 몸을 태우는 것이 과연 성서적인가를 논의하는 것은 어려운 일이다. 하지만 단지 땅이 부족하여 화장하는 것이라면, 무덤을 만들지 않고 수목장으로 자연매장을 한 후 흙과 함께 이승의 삶을 마감하고, 본향으로 가는 것을 기뻐하고 초월하면 된다. 묘지를 세워 이름과 가문의 흔적을 남기려는 의도에서 조상과 후손에 집착하는 것은 과연 누구를 위한 것인지 냉철하게 생각해야 할 것이다. 인간이 장례 문화를 중시하고 묘지화를 지속적으로 생각하는 것은 본향이 없기 때문이다. 이승과 저승의 완전한 분리, 즉 이승의 삶이 전부라고 생각하기 때문에 마지막으로 뭔가 남기고 세우려는 욕심의 산물은 아닌지 돌아볼 필요가 있다. 내세의 복된 삶이 기다리고 있다면, 이승의 화려한 죽음이 의미 없다는 것을 알게 되지 않을까?

주님, 주님의 날이 언제인지 알 수도 없고, 알고자 하는 마음도 다 내려놓고, 매일 항상 주님의 뜻을 향해서만 한 걸음씩 가기를 소망합니다. 우리의 삶과 죽음은 우리를 위한 것이 아니라 주님을 향한 사랑과 경배라는 것을 잊지 않고, 죽는 것을 두려워하거나 근심 걱정하지 않으며, 죽음과 고통의 길에서 평안과 쉼이 있는 곳으로 이동하여 본향으로 가는 기쁨과 평안을 누리게 인도하여 주소서. 아멘.

찬양 : 마지막 날에, 고생과 수고가 다 지난 후

전쟁은 하나님의 것

악인에 대한 심판은 우리가 하는 것이 아니라 하나님께서 직접 하시기에, 우리가 심판의 죄를 지을 필요가 없음을 시편 83편 1-2, 9, 16-18절 "**하나님이여 침묵하지 마소서 하나님이여 잠잠하지 마시고 조용하지 마소서 무릇 주의 원수들이 떠들며 주를 미워하는 자들이 머리를 들었나이다 주는 미디안인에게 행하신 것같이, 기손 시내에서 시스라와 야빈에게 행하신 것같이 그들에게도 행하소서 여호와여 그들의 얼굴에 수치가 가득하게 하사 그들이 주의 이름을 찾게 하소서 그들로 수치를 당하여 영원히 놀라게 하시며 낭패와 멸망을 당하게 하사 여호와라 이름하신 주만 온 세계의 지존자로 알게 하소서**"에서 알려 주고 계신다. 이 시의 저자는 아삽으로 다윗과 솔로몬 시대의 합창단장이며, 12편의 시를 시편에 올린 시인이다. 문인이자 음악가인 그는 참다못해 악을 행하는 자들-에돔, 이스마엘인, 모압과 하갈인, 그발과 암몬, 아말렉, 블레셋과 두로 사람, 앗수르인-을 향한 심판의 기도를 하나님께 올리고 있다. 자신과 다른 생각을 갖고 박해하는 사람들에 대해 과연 그들을 저주하고 심판하기를 기도하는 것이 믿는 자의 바른 태도인가를 생각해 볼 때, 성경에 나타나는 모순 속의 균형을 우리는 맞추어야 하지 않을까? 칠십 번의 일곱 번이라도 용서하라는 예수님의 말씀과 이 시인의 기도는 정반대의 논리이자 상황이 아닐까 하고 되짚어보면, 대상과 상황에 따라 문제의 원인과 적용에 대한 대응이 다를 수 있음을 알 수 있다. 미디안 족은 이스라엘과 처음부터 적대관계가 아니었다. 모세의 장인은 미디안 족의 제사장으로서 출애굽한 유대인들을 돕고, 모세의 1인 지도체제에서 십부장, 백부장의 권한 이양의 조직 운영을 충고하기도 할 만큼 친분이 가까웠다. 하지만 세월이 흐르고 서로의 욕심이 다르게 작용하면서 철천지원수가 되어 기드온 사사 시절에 피비린내 나는 전쟁이 발생했다. 그리고 시스라(북부 가나안 하솔의 왕 야빈의 군대장관)와 야빈은 죽음을 맞고 미디안 족은 멸망하고 만다. 이처럼 어제의 친구가 욕심으로 인해 오늘의 적이 되는 사실을 통해 우리가 인간관계에서도 인간적 공감이나 매력에 의해서가 아니라, 주님만을 중심으로 한 공동체를 구축해야 한다는 것을 느끼게 된다. 롬 12장 19-21절 "내 사랑하는 자들아 너희가 친히 원수를 갚지 말고 하나님의 진노하심에 맡기라 기록되었으되 원수 갚는 것이 내게 있으니 내가 갚으리라고 주께서 말씀하시니라 네 원수가 주리거든 먹이고 목마르거든 마시게 하라 그리함으로 네가 숯불을 그 머리에 쌓아 놓으리라 악에게 지지 말고 선으로 악을 이기라"에서 우리를 반대하고 핍박하는 사람들에게 우리가 어찌 행동해야 하는지를 분명하게 말씀하고 계신다. 또한 역대하 20장 15절은 **"두려워하거나 놀라지 말라 이 전쟁은 너희에게 속한 것이 아니요 하나님께 속한 것이니라"** 라고 말씀하고 있다. 여호사밧왕 때 모압, 암몬, 마온 사람들이 힘을 합쳐 유다를 치는데, 이 소식을 들은 여호사밧은 백성들과 함께 하나님께 지켜달라고 호소했다. 그러자 하나님께서 그들에게 위와 같이 말씀하신 것이다. 그래서 대승을 거두어 주를 찬양했고, 25년 동안 여호사밧은 태평성대를 누리게 되었다. 지금, 아니 미래에도 주님의 뜻대로 살고자 애쓰는 우리에게는 항상 악인의 유혹이 있고 조롱과 핍박이 있게 될 것이다. 그러나 매 순간 그들을 직접 상대할 필요 없이 나 자신을 죽여 십자가에 모든 것을 내려놓고, 기도와 간구로 하나님께 순종하는 것이 문제 해결의 방법이다. 따라서 악인과의 전쟁은 우리의 몫이 아니라 하나님의 것이라는 것을 알아야 한다. 대적자들을 위해 우리는 중보기도를 올리고, 주님의 뜻이 그들을 심판하는 것에 단지 순종할 뿐이며, 우리가 그들을 정죄하여 심판할 수 없다. 우리가 그들에게 용서의 모습으로 나타난다면, 성숙된 자세로 그리스도의 모습을 본받아 살고 있다고 말할 수 있겠다.

> 주님, 악인이 주는 고통이 너무 힘들어 인간적인 생각에, 적과 악인을 심판하도록 우리의 뜻대로 기도하지만, 모든 것을 내려놓게 하사 전쟁은 주님의 뜻대로, 주님이 끝내시는 것을 깨달아 우리는 단지 모든 것을 주님께 맡기는 겸손과 거룩의 자세로 살아가게 인도하여 주소서. 아멘.

찬양 : 전쟁은 하나님께 속한 것이니(세상의 유혹 시험이)

하나님의 사람

오랫동안 교회를 다녀도 매일 성경을 제대로 정독하지 않았던 필자의 과거를 돌아보면, 내 믿음의 깊이가 낮음에 큰 원인이 있을 것이고, 교회의 일방적 가르침으로 인해 수동적 예배를 드리게 되고, 그것이 방관자이자 단순 참가자로서의 자신을 합리화하게 되었던 것도 작은 이유가 될 것이다. 그러나 진정한 신앙을 찾기 위해 성경을 제대로 공부하면 성경 속의 지혜를 발견하게 되고 완전히 다른 삶을 살게 된다.

성경은 1세기에 70명에 의해 다른 장소에서 번역이 행해졌지만, 토씨 하나 다르지 않고 모두 같았다고 한다. 바로 그것이 성경이 하나님의 주관으로 만들어졌다는 것을 알 수 있게 한다. 현재 성경은 2,800여 개의 언어로 번역되었고, 과거 귀족 중심에서 루터의 만인제사장제와 함께 일반 서민에게도 확대되어 오늘날에 이르니, 어찌 이것이 몇몇 개인에 의해 주도될 수 있었을까. 성경 전체는 총 66권(구약 39, 신약 27) 내 1,189장으로 구성되어 있다. 하루 1장을 읽으면 3.3년, 3장씩 읽으면 1.1년, 10장씩 읽으면 4개월, 30장씩 읽으면 40일 만에 완독하게 된다.

디모데후서 3장 15-17절 **"또 어려서부터 성경을 알았나니 성경은 능**히 너로 하여금 그리스도 예수 안에 있는 믿음으로 말미암아 구원에 이르는 지혜가 있게 하느니라 **모든 성경은 하나님의 감동으로 된 것으로 교훈과 책망과 바르게 함과 의로 교육하기에 유익**하니 이는 **하나님의 사람으로 온전하게 하며 모든 선한 일을 행할 능력을 갖추게 하려 함이라"**에서 성경이 하나님의 주관하에 만들어졌고, 하나님의 사람으로 살아가기 위한 목적을 기반으로 교훈과 책망을 통해 올바르게 선한 삶을 실천하도록 단련하는 과정의 연속선상에 있게 한다는 것이다. 여기서 우리가 간과할 수 있는 것은 성경의 책망 부분이다. 이것은 우리가 하나님의 사람으로 훈련시키는 과정에서 잘못과 죄를 무조건 용서와 사랑으로만 대하는 것이 아니고, 어떤 중요한 상황에서는 책망과 판단도 병행되어야 한다는 것을 말한다. 약속을 통한 '사랑의 매'가 필요한 순간이 있고, 고통을 통한 깨달음도 있음을 놓치지 말아야 한다. 물론 이것은 감정이 들어간 폭력이 되어서는 안 되며, 정말 필요한 때 주님의 지혜로 사용해야 하고, 가능하면 매보다는 말로 인도하는 것이 순리일 것이다. 아이들을 혼낼 때 '생각하는 의자'에 앉아 면벽을 시키는 것도 매의 한 종류일 것이다. 주님이 원하시는 선한 길로 가기 위한 목적은 하나지만, 방법은 상황에 따라 달리 적용되어야 한다. 그리고 그 지혜는 주님이 허락하시고 베풀어 주시는 곳에 있다는 것을 명심해야 한다. 죄를 지은 사람에게 온유하게 잘못을 고치도록 권유하고 오래 참고 기다려 주는 것도 하나의 방법이다. 하지만 그 도가 지나쳐 말과 행동으로 수정되지 않는다면, 두 눈, 두 다리로 지옥에 가는 것보다 한 눈을 빼고 한 다리를 잘라서라도 천국에 가는 것이 낫다는 예수님의 말씀의 깊은 뜻을 되새겨 봐야 한다. 마태복음 5장 29-30절 **"만일 네 오른 눈이 너로 실족하게 하거든 빼어 내버리라 네 백체 중 하나가 없어지고 온몸이 지옥에 던져지지 않는 것이 유익하며 또한 만일 네 오른손이 너로 실족하게 하거든 찍어 내버리라 네 백체 중 하나가 없어지고 온몸이 지옥에 던져지지 않는 것이 유익하니라"** 의 말씀은 정말로 눈을 빼고 다리를 자르는 고통만큼이나 자신의 죄에 대해 냉철하고 철저하게 평가하고 판단하여 회개하라는 의미일 것이다. 여기서 하나님의 사람과 반대되는 불법의 사람은 누구인가? 데살로니가후서 2장 2-4절 **"혹 영으로나 혹 말로나 혹 우리에게서 받았다 하는 편지로나 주의 날이 이르렀다고 쉬 동심하거나 두려워하거나 하지 아니할 그것이라 누가 아무렇게 해도 너희가 미혹하지 말라 먼저 배도하는 일이 있고 저 불법의 사람 곧 멸망의 아들이 나타나기 전에는 이르지 아니하리니 저는 대적하는 자라 범사에 일컫는 하나님이나 숭배함을 받는 자 위에 뛰어나 자존하여 하나님 성전에 앉아 자기를 보여 하나님이라 하느니라"** 에서는 하나님보다 자신을 더 높이는 자라 칭하신다. 주님의 재림이 언제 이루어질지 알고 싶어 하는 사람이 많다고들 하는데, 이때를 정확히 아는 사람은 아무도 없고, 오직 하나님만이 결정하신다고 예수님은 말씀하셨다. 바울도 주의 날에 대해 현혹되거나 두려워하지 말고 자기가 하나님이라 하는 불법의 사람-멸망의 아들(성전을 다스리는 자니 교회 타락과 적그리스도의 행위를 하는 자)-이 나타난 후에 재림의 날이 오신다고 했다. 점점 이런 불법의 사람들이 많아지고 있다는 생각이 드는 것은 뭘까?

8-12절 "그때에 불법한 자가 나타나리니 주 예수께서 그 입의 기운으로 저를 죽이시고 강림하여 나타나심으로 폐하시리라 악한 자의 임함은 **사단의 역사를 따라 모든 능력과 표적과 거짓 기적과 불의의 모든 속임으로 멸망하는 자들에게 임하리니** 이는 저희가 진리의 사랑을 받지 아니하여 구원함을 얻지 못함이라 이러므로 하나님이 유혹을 저의 가운데 역사하게 하사 거짓 것을 믿게 하심은 진리를 믿지 않고 불의를 좋아하는 모든 자로 심판을 받게 하려 하심이니라"에서 불법한 자를 사용하시는 이유는, 불의를 좋아하는 모든 이들을 심판하시기 위함이다. 그러니 신유나 예언의 기적을 행한다고 해서 하나님의 종이 아닐 수 있음은 그 표적에 자신을 높임과 교만이 내포되어 있기 때문이다. 하나님을 진실하게 믿는 자들에게 주시는 은혜는 13-14절에 나타나 있다. "주의 사랑하시는 형제들아 우리가 항상 너희를 위하여 마땅히 하나님께 감사할 것은 하나님이 처음부터 너희를 택하사 **성령의 거룩하게 하심과 진리를 믿음으로 구원을 얻게** 하심이니 이를 위하여 우리 복음으로 너희를 부르사 우리 주 예수 **그리스도의 영광을 얻게** 하려 하심이니라". 한편, 디모데전서 6장 11-12절 "오직 너 **하나님의 사람아** 이것들(악한 것들)을 피하고 **의와 경건과 믿음과 사랑과 인내와 온유를 좇으며** 믿음의 선한 싸움을 싸우라 **영생을 취하라** 이를 위하여 네가 부르심을 입었고 많은 증인 앞에서 선한 증언을 하였도다"에서 하나님의 사람이 갖추어야 할 성품과 조건을 말씀하고 계신다. 결국 우리는 하나님보다 자신을 더 높이고 우상 숭배 하게 하는 목사나 선지자라 칭하는 불법의 사람이며 멸망의 자식들이 있다면 그들을 멀리하고, 오직 성령의 거룩과 진리를 믿음으로

써 주님의 영광과 영생만을 위해 노력하는 하나님의 사람이 되도록 애써야 할 것이다. 그리고 하나님의 사람이 되기 위해서 전신갑주로 무장해야만 불법의 사람을 대적할 수 있다. 베드로전서 4장 1-3절 "그리스도께서 이미 육체의 고난을 받으셨으니 너희도 같은 마음으로 갑옷을 삼으라 이는 육체의 고난을 받은 자가 죄를 그쳤음이니 그 후로는 다시 사람의 정욕을 좇지 않고 오직 하나님의 뜻을 좇아 육체의 남은 때를 살게 하려 함이라 너희가 음란과 정욕과 술 취함과 방탕과 연락과 무법한 우상 숭배를 하여 이방인의 뜻을 좇아 행한 것이 **지나간 때가 족하도다**"에서 예수께서 육체의 고난을 통해 우리의 죄를 사해 주셨기에 이제는 더 이상 죄짓지 말고 전신갑주의 옷을 입고 욕정에 의한 음란, 권력·명예·재물에 대한 욕심, 술 취하는 행동, 방탕함, 쾌락 추구, 우상 숭배의 행위를 그치고 남은 인생을 사는 것이 나중 된 자가 먼저 될 수 있는 길이 될 것이다. 에베소서 6장 14-17절 "그런즉 서서 **진리로** 너희 **허리 띠를 띠고 의의 흉배를 붙이고 평안의 복음의 예비한 것으로 신을 신고 모든 것 위에 믿음의 방패를 가지고 이로써 능히 악한 자의 모든 화전을 소멸하고 구원의 투구와 성령의 검 곧 하나님의 말씀을 가지라**"에서 전신갑주에 대해 자세히 설명하고 있다. **진리의 허리띠, 의의 호심경, 복음의 신, 믿음의 방패, 구원의 투구, 성령의 검**인 것이다. 과거의 잘못된 행동을 회개하고 돌아오면, 그 잘못된 것이 우리를 더욱 강하게 성령 충만한 삶으로 인도할 수 있기에 지나간 때가 족할 수 있는 것이다.

주님, 순간적 정욕과 쾌락에 사로잡혀 저지른 과거의 모든 죄를 용서

하시고, 어지럽고 험한 세상 속에서 적그리스도에 현혹되지 않도록 주
님의 말씀만 붙잡고 전신갑주(진리, 의, 복음, 믿음, 구원, 성령)로 무장하
여 거짓과 부정을 쳐 승리할 수 있도록 힘을 주시고 바른 길로 인도하
여 주소서. 아멘.

찬양 : 당신은 하나님의 사람, 당신만은 못 해요

하나님의 종

하나님의 종은 다음과 같은 수고를 감당해야 한다고 디모데후
서 2장 23-26절 **"어리석고 무식한 변론을 버리라 이에서 다툼이 나는
줄 앎이라 마땅히 주의 종은 다투지 아니하고 모든 사람을 대하여 온유
하며 가르치기를 잘하며 참으며 거역하는 자를 온유함으로 징계할지니
혹 하나님이 저희에게 회개함을 주사 진리를 알게 하실까 하며 저희로
깨어 마귀의 올무에서 벗어나 하나님께 사로잡힌바 되어 그 뜻을 좇게
하실까"**에서 말씀하신다.

첫째, 다투지 아니한다. 변론은 사리를 밝혀 옳고 그름을 따지
는 것이다. 자신의 지식과 이데올로기에 따라 말싸움이 일어나는
것이 다반사이니 '내가 맞다, 너는 틀리다'는 식의 어리석은 논쟁은
아예 하지 말라는 뜻이다.

둘째, 온유하게 가르쳐야 한다. 스승은 제자를 보통 엄하고 독하게 가르쳐야 한다는 것은 잘못된 사고이다. 2천 년 전 바울이 온유를 강조함에 주목해야 한다. 온유는 나에게는 엄격하게, 남에게는 부드럽게 대하는 것이니 외유내강과 같은 개념이라 할 것이다. 한편, 짠돌이는 남에게는 베풀지 않고 자신(가족 포함)에게만 베푸는 것이요, 검소한 사람은 자신보다는 타인에게 먼저 베푸는 사람이다.

셋째, 인내해야 한다. 무시하고 조롱하는 사람들의 말이나 행동을 참고 이겨내야 하며 그들을 바른 길로 인도하기 위해 지속적 사랑을 베풀어야 한다.

넷째, 온유하게 징계해야 한다. 상호간 또는 공동체 내의 룰(rule, 약속)을 거역하고 무시하는 자들은 부드럽게 벌을 주어야 하는데, 솔로몬이 시므이(십자가의 지혜 참조)를 징계함같이 약속을 통해 행하면 좋을 것이다. 이렇게 하는 이유는 그들이 회개하고 구원받아 새롭게 하나님의 종으로 살아가게 하기 위함이다.

다섯째, 고난과 박해를 받아야 한다. 2장 3-4절 "네가 **그리스도 예수의 좋은 병사로 나와 함께 고난을 받을지니** 병사로 다니는 자는 자기 생활에 얽매이는 자가 하나도 없나니 이는 병사로 모집한 자를 기쁘게 하려 함이라"와 3장 12절 "무릇 그리스도 예수 안에서 **경건하게 살고자 하는 자는 핍박을 받으리라**"에 잘 나타나 있다. 이 고난과 박해는 셋째 항목인 인내와 연결되어 완수해야 하는 임무다. 목사만이 주의 종이 아니라, 우리 믿는 자들은 모두 하나님의 종으로서 만인제사장임을 잊지 말고 위의 다섯 가지, 아니 그 이상의 종의 의

무를 다해야 할 것이다.

한편, 로마서 6장 12-13절 "너희는 죄로 너희 죽을 몸에 왕노릇하지 못하게 하여 **몸의 사용을 순종치 말고** 또한 너희 지체를 **불의의 병기로 죄에게 드리지 말고** 오직 너희 자신을 죽은 자 가운데서 다시 산 자 같이 하나님께 드리며 너희 지체를 의의 병기로 하나님께 드리라"에서 우리가 죄의 종으로 살고 있지만 그리스도의 가르침을 받아 순종하여 살면, 죄의 종이 아닌 의의 종으로 살아갈 수 있으니, 죄가 우리 몸을 지배하는 왕이 되어 사리사욕을 품고 불의의 무기로 쓰이지 않도록 그리스도의 말씀을 의의 무기로 삼아 하나님의 뜻 가운데 살아가라는 것이다. 14-15절 "**죄가 너희를 주관치 못하리니 이는 너희가 법 아래 있지 아니하고 은혜 아래 있음이라 그런즉 어찌하리요 우리가 법 아래 있지 아니하고 은혜 아래 있으니 죄를 지으리요 그럴 수 없느니라**"에서 율법보다는 은혜를 받으면 그 은혜가 고마워, 보답하기 위해서라도 죄에 머무르지 않도록 노력하게 되는 인간의 착한 본성을 알려 주고 계신다. 또한 19절에 "**너희 육신이 연약하므로 내가 사람의 예대로 말하노니 전에 너희가 너희 지체를 부정과 불법에 드려 불법에 이른것같이 이제는 너희 지체를 의에게 종으로 드려 거룩함에 이르라**"는 것은 과거에 세상적인 복을 받기 위해 부정과 불법을 알게 모르게 저질렀지만 이제부터라도 경건하고 거룩해져서 의의 길로 가야 한다는 것이다. 결국 의의 종으로 살아가기 위해서는

첫째, 하나님의 말씀에 순종해야 하고

둘째, 하나님의 은혜 안에 거하도록 애쓰며

셋째, 거룩하고 경건한 삶을 살아야 한다.

이렇게 행하면 22절 "이제는 너희가 죄에게서 해방되고 하나님께 종이 되어 거룩함에 이르는 열매를 얻었으니 이 마지막은 영생이라"처럼 주님과 우리가 동시에 원하는 영생의 복을 받을 수 있게 되는 것이다.

고린도후서 6장 1-7절 "우리가 하나님과 함께 일하는 자로서 너희를 권하노니 하나님의 은혜를 헛되이 받지 말라 이르시되 내가 은혜 베풀 때에 너에게 듣고 구원의 날에 너를 도왔다 하셨으니 보라 지금은 은혜 받을 만한 때요 보라 지금은 구원의 날이로다 우리가 이 직분이 비방을 받지 않게 하려고 무엇에든지 아무에게도 거리끼지 않게 하고 오직 모든 일에 하나님의 일꾼으로 자천하여 많이 견디는 것과 환난과 궁핍과 고난과 매 맞음과 갇힘과 난동과 수고로움과 자지 못함과 먹지 못함 가운데서도 깨끗함과 지식과 오래 참음과 자비함과 성령의 감화와 거짓이 없는 사랑과 진리의 말씀과 하나님의 능력으로 의의 무기를 좌우에 가지고"에도 지금 이때에 매 순간 주님께로부터 은혜를 받고 구원을 받아 과거보다는 현재 시점에서 하나님의 일꾼, 종으로서 모든 환난과 고통에서도 순결·참음·긍휼·사랑 등 성령의 열매를 먹으며 살아가야 하는 우리의 자세를 알려 주고 있다. 우리가 늘 이처럼 생활하며 세상의 소금과 빛의 역할을 하고, 모든 이에게 그리스도의 본을 보이며 살아가는지 스스로 점검하고 또 확인해야 한다.

민수기 11장 16-17절 "여호와께서 모세에게 이르시되 이스라엘 노인 중 백성의 장로와 유사 되는 줄을 네가 아는 자 칠십 인을 모아 데리고 회막 내 앞에 이르러 거기서 너와 함께 서게 하라 내가 강림하여 거기서 너와 말하고 네게 임한 신을 그들에게도 임하게 하리니 그들이 너와 함께 백성의 짐을 담당하고 너 혼자 지지 아니하리라"는 출애굽 시절에 하나님께서 만나를 늘 채워 주셨지만 전에 배만 부르면 된다는 생각이 바뀌어 고기를 먹고 싶다고 불평하는 이스라엘 백성에게 주께서 칠십인 장로를 세워서 성령을 부어주사, 모든 일을 분담하여 모세 혼자 일을 감당하는 수고를 덜어주시는 상황이다. 예수님도 70인의 사도를 세우신 일이 누가복음 10장 1-11절에 나온다. "주께서 달리 칠십 인을 세우사 친히 가시려는 각동 각처로 둘씩 앞서 보내시며 이르시되 추수할 것은 많되 일꾼이 적으니 그러므로 추수하는 주인에게 청하여 추수할 일꾼들을 보내어주소서 하라 갈지어다 내가 너희를 보냄이 어린 양을 이리 가운데로 보냄과 같도다 전대나 주머니나 신을 가지지 말며 길에서 아무에게도 문안하지 말며 어느 집에 들어가든지 먼저 말하되 이 집이 평안할지어다 하라 만일 평안을 받을 사람이 거기 있으면 너희 빈 평안이 그에게 머물 것이요 그렇지 않으면 너희에게로 돌아오리라 그 집에 유하며 주는 것을 먹고 마시라 일꾼이 그 삯을 얻는 것이 마땅하니라 이 집에서 저 집으로 옮기지 말라 어느 동네에 들어가든지 너희를 영접하거든 너희 앞에 차려놓는 것을 먹고 거기 있는 병자들을 고치고 또 말하기를 하나님의 나라가 너희에게 가까이 왔다 하라 어느 동네에 들어가든지 너희를 영접치 아니하거든 그 거리로 나와서 말하되 너희 동네에서 우리 발에 묻은 먼지도 너희에게 떨어버리노라 그러나 하나님의 나라가 가까이 온 줄을 알라 하라"에서 70

인에게 구체적으로 어찌 전도해야 하는지도 알려 주셨다. 즉 많은 재물을 사용하지 않고 조용히 개별적으로 전도하며, 대접을 받아도 되지만 여기저기 옮겨 다니지 말고, 영접치 않는 곳에서는 떠나야 한다는 것이다.

하나님의 종이자 일꾼으로서 사명을 다한 사례는 느헤미야에서 나타나는데, 2장 13-17절 **"그 밤에 골짜기 문으로 나가서 용정(우물)으로 분문(계곡문)에 이르는 동안에 보니 예루살렘 성벽이 다 무너졌고 성문은 불탔더라 앞으로 나아가 샘문과 왕의 못에 이르러서는 탄 짐승이 지나갈 곳이 없는지라 그 밤에 시내를 따라 올라가서 성벽을 살펴본 후에 돌아서 골짜기 문으로 들어와 돌아왔으나 방백들은 내가 어디 갔었으며 무엇을 했는지 알지 못했고 나도 그 일을 유다 사람들에게나 제사장들에게나 귀족들에게나 방백들에게나 그 외에 일하는 자들에게 알리지 아니하다가 후에 그들에게 이르기를 우리가 당한 곤경은 너희도 보고 있는 바라 예루살렘이 황폐하고 성문이 불탔으니 자, 예루살렘 성을 건축하여 다시 수치를 당하지 말자"**의 내용은 느헤미야가 이스라엘 총독으로 부임한 후 상황 파악을 하기 위해 성벽을 밤중에 은밀히 조사하고 나서 유대의 세력자들에게 해야 할 일을 공표하는 장면이다. 이는 하나님의 사역을 실행하는 일의 단계와 지혜를 보여주고 있는 것이다. 느헤미야는 바벨론 포로에서 바사 왕의 술 관원장으로 성공했지만, 예루살렘이 황폐하게 되었다는 소식을 듣고 안타까운 마음에 이를 복구하기 위해 예루살렘으로 돌아와 예루살렘 성벽 재건에 착수한다. 그리하여 주변 족속들의 수많은 방해와 위험에도 불구하고 52일 만에 인내와 성실로 성벽 공사를 마무리했다. 일신상의 부귀영화보다는 하나님의 일을 더 중요하게 여기며. 이를 위해 어떤 고난도 마다하지 않는 모습은 마치 민족 구원을 위해 애굽의 영화를 저버린 모세를 연상케 한다. 제사장 에스라와 함께 어려움에 직면해서도 낙망하지 않고 유다 백성을 독려하며 인내하고 성실함으로 초지일관(初志一貫)했던 그의 모습은 총독이라는 정치 지도자라기보다, 오히려 신실한 종교 지도자로서의 면모를 보는 듯하다. 하나님은 이런 충성스런 일꾼과 동역하기를 기뻐하실 것이다. 에스라와 느헤미야를 정독하면 하나님의 사람들이 일의 순서와 과정의 절차를 밟는 데 있어 기도를 통해 하나님의 방법으로 준행하는 것을 알 수 있는바, 어찌 주님의 사명을 감당해야 하는지 가르쳐 주신다. 주님의 일을 할 때는 그 뜻을 함께하는 동역자와 조용히 은밀하게 준비하고 계획을 세운 후 반대하는 세력과 일반인들에게 투명하게 알리고 설득시키는 과정이 필요하다. 상황에 따라 강경할 때는 담대하게 나아가야 함을 성령의 인도로 받아야 한다. 5장 13-14절 **"내가 옷자락을 털며 이르기를 이 말대로 행하지 아니하는 자는 모두 하나님이 또한 이와 같이 그 집과 산업에서 털어 버리실지니 그는 곧 이렇게 털려서 빈손이 될지로다 하매 회중이 다 아멘 하고 여호와를 찬송하고 백성들이 그 말한 대로 행했느니라 또한 유다 땅 총독으로 세움을 받은 때 곧 아닥사스다 왕 제 이십 년부터 제 삼십이 년까지 십이 년 동안은 나와 내 형제들이 총독의 녹을 먹지 아니했느니라"**에서 느헤미야의 담대한 리더십과 백성을 위해 녹봉을 반납할 정도의 투명성과 자기희생을 엿볼 수 있다.

  그리고 에스겔 33장 3-5절 **"그 사람이 그 땅에 칼이 임함을 보고 나**

팔을 불어 백성에게 경고하되 그들이 나팔 소리를 듣고도 정신 차리지 아니하므로, 그 임하는 칼에 제거함을 당하면 그 피가 자기의 머리로 돌아갈 것이라 그가 경고를 받았던들 자기 생명을 보전했을 것이나 **나팔 소리를 듣고도 경고를 받지 아니했으니 그 피가 자기에게로 돌아가리라**"에서는 파수꾼의 역할을 말씀하신다. 파수꾼(watchman)은 성벽 높은 곳에 서서 위험한 상황을 사람들에게 알려 주는 사람이므로 하나님은 에스겔이 그런 역할을 하라고 말씀하셨다. 이것은 오늘 우리 성도들에게도 해당되는 말씀이다. 파수꾼은 나팔을 불어 잘 못된 것을 바로잡도록 경고해야 하고, 이것을 듣지 않는 사람들은 그 대가를 치러야 한다. 6절 "**그러나 칼이 임함을 파수꾼이 보고도 나팔을 불지 아니하여 백성에게 경고하지 아니하므로 그 중의 한 사람이 그 임하는 칼에 제거당하면 그는 자기 죄악으로 말미암아 제거되려니와 그 죄는 내가 파수꾼의 손에서 찾으리라**"에서 파수꾼이 자기의 유익이나 적과의 내통으로 나팔을 불지 않는다면, 하나님이 선택한 파수꾼도 죄의 대가를 받아야 한다. 세상이 악을 행하면 경고의 나팔을 불어야 하며, 의를 위해 핍박을 받더라도 악과의 전투를 해야 한다. 그 개입의 절차나 정도는 자신의 뜻이 아닌, 주님이 명하시는 대로 순종하며 진행해야 한다.

저희가 주님의 사명을 수행할 때 저희 이름을 내세우지 않고 오로지 주님의 이름만을 위해 일하게 하시고, 하나님의 방법으로 결과보다는 과정을 중시하며, 단계별·상황별 지혜와 분별력을 갖고 나아가게 인도하사, 주께서 원하시고 저희가 갈망하는 영생의 목표를 향해 모든 지체가 의의 무기로 무장하여, 의의 종이자 하나님의 자녀로서 말씀에 순종하며, 은혜롭고, 거룩하게 살아갈 수 있도록 이끌어 주소서. 아멘.

찬양 : 주님의 종을 삼으소서, 주의 길

의인과 악인

하나님이 생각하시는 의인과 악인에 대해 과연 성경은 어떻게 표현하고 있는가?

에스겔 18장 20-22, 24-27절을 연결하여 보면 **"범죄하는 그 영혼은 죽을지라 아들은 아버지의 죄악을 담당하지 아니할 것이요 아버지는 아들의 죄악을 담당하지 아니하리니 의인의 공의도 자기에게로 돌아가고 악인의 악도 자기에게로 돌아가리라** 그러나 악인이 만일 그가 행한 모든 죄에서 돌이켜 떠나 내 모든 율례를 지키고 정의와 공의를 행하면 반드시 살고 죽지 아니할 것이라 그 범죄한 것이 하나도 기억함이 되지 아니하리니 그가 행한 공의로 살리라 만일 의인이 돌이켜 그 공의에서 떠나 범죄하고 악인이 행하는 모든 가증한 일대로 행하면 살겠느냐 **그가 행한 공의로운 일은 하나도 기억함이 되지 아니하리니 그가 그 범한 허물과 그 지은 죄로 죽으리라** 그런데 너희는 이르기를 주의 길이 공평하지 아니하다 하는도다 이스라엘 족속아 들을지어다 내 길이 어찌 공평하지 아니하냐 너희 길이 공평하지 아니한 것이 아니냐 만일 **의인이 그 공의를 떠나 죄악을 행하고 그로 말미암아 죽으면 그 행한 죄악으로 말미암아 죽는 것이요 만일 악인이 그 행한 악을 떠나 정의와 공의를 행하면 그 영혼을 보전하리라**"에서 죄를 범하는 것은 각 개인이니 그에 대한 대가를 받음도 각 개인에게 있으니 가족이라 대신할 수 없고 친구라 대신 지을 수 없음을 분명히 얘기하신다. 그런데 악인이 자기 죄를 회개하고 돌아오면 과거에 지었던 죄는 더 이상 묻지 않으시고 용서하심으로써 살 수 있고, 의인이라 하더라도 죄를 지으면 과거에 행한 공의가 하나도 기억되지 못하고 그 죄로 죽게 된다는 것이니, "한번 의인이 영원한 의인이 아니며, 한번 악인이 영원한 악인이 아니라"는 것은 예수님께서 "먼저 된 자가 나중 되고 나중 된 자가 먼저 될 수 있다"는 말씀과 일맥상통한다. 그런데 11절 "**너는 그들에게 말하라 주 여호와의 말씀이니라 나의 삶을 두고 맹세하노니 나는 악인이 죽는 것을 기뻐하지 아니하고 악인이 그의 길에서 돌이켜 떠나 사는 것을 기뻐하노라 이스라엘 족속아 돌이키고 돌이키라 너희 악한 길에서 떠나라 어찌 죽고자 하느냐 하셨다 하라**"에서 하나님의 궁극적 목적은 악인을 의인으로 살리고 이 세상에 의인이 많아지기를 바라시는 것이다. 우리는 과거에 세상에서 자신이 잘나간 것을 자랑하며 사는데, 신앙생활도 그렇게 된다면 지금 현재는 어떤가? 왕년에 성령 체험하고 방언하고 성전 건축에 헌금해서 장로가 되고 목사가 되었는데, 지금은 죄짓고 산다면 어찌될까? 의인처럼 살았어도 지금 악인이면 죽게 되는 것이니, 과거의 의인이 진정한 의인이 아니고 스스로 의인이라 착각했던 것이다.

자신이 하나님 안에서 의인인지, 악인인지는 우리 스스로 알게끔 주님이 지으셨다. 즉 기쁨보다는 슬픔, 평안보다는 근심, 감사보다는 불평, 사랑보다는 미움과 원망이 마음속에서 솟아난다면 악인으로 살고 있음을 감지해야 한다. 이런 나쁜 생각과 마음을 없애려면 혼자서는 힘들다. 그러므로 서로 나누고 섬기는 공동체 안에서 합력하여 선을 이뤄야 짐이 가벼워질 수 있다.

시편 17편 13-15절 **"여호와여 일어나 그를 대항하여 넘어뜨리시고 주의 칼로 악인에게서 나의 영혼을 구원하소서 여호와여 이 세상에 살아 있는 동안 그들의 분깃을 받은 사람들에게서 주의 손으로 나를 구하소서 그들은 주의 재물로 배를 채우고 자녀로 만족하고 그들의 남은 산업을 그들의 어린 아이들에게 물려주는 자니이다 나는 의로운 중에 주의 얼굴을 뵈오리니 깰 때에 주의 형상으로 만족하리이다"**는 다윗이 하나님을 믿고 나아가지만 악인과의 만남에서 발생하는 여러 환난과 고통으로부터 벗어나고자 하나님께 간구하는 시다. 분깃(portion)이란 '제비를 뽑아 나눠진 것(lot)', 즉 '정당한 몫'이란 뜻으로, 성경에서는 하나님께 드린 제물 중 제사장에게 돌려진 몫(출 29:26, 삼상 1:4-5), 전리품(창 14:24, 삼상 30:24), 부모로부터 물려받은 유산(창 31:14, 눅 15:12) 등을 가리킨다. 특히 가나안 영토 분배와 관련해서는 이스라엘 각 지파가 가나안 정복 시 제비를 뽑아 분할 받은 땅(영토)을 가리킨다. 신약에서는 성도들이 하나님 나라에서 얻게 될 상급과 복을 의미한다(롬 8:17, 갈 4:7). 하나님으로부터 받은 복의 분깃을 자신과 가족 그리고 후손을 위해서만 유산으로 물려주는 행위는 악인의 것이고, 의인은 주의 얼굴만 뵈어도 그것에 만족하며 살 수 있다는 것이다. 세상적 관점에서 자손을 잘되게 하고 유산을 많이 주는 것이 훌륭한 조상이라는 생각은 정도가 지나치면 잘못된 효과를 발휘할 것이다. 즉 대부분의 신도들이 자신과 가족의 평안과 행복을 위해 주님을 믿고 따른다면 악인과 같이 살고 있는 것이고, 주님만을 바라보고 사는 의인은 결국 주님의 뜻대로 살기에 내(가족 포함)가 아닌 남을 위한 삶을 살게 된다. 왜냐하면 가족만을 생각하다 보면 죄를 짓기 때문이다. 사기꾼이나 도둑, 살인자가 자기와 가족을 먹여 살리거나 보호하기 위해 죄를 범한다고 해서 죄를 면케 해주지 못함과 같다. 지금 내가 정직하고 올바르게 생활하고 있는지, 분명하고 냉철하게 우리 자신을 되돌아봐야 할 것이다. 한 나라의 왕으로서 부족함이 없었던 다윗조차 자식에게 물려줄 것만을 생각하는 자신을 보면서 악을 보게 되어, 의인으로 살도록 하나님께 기도하는 시를 지은 것이리라.

한편, 예레미야 5장 1-2절 "너희는 예루살렘 거리로 빨리 다니며 그 넓은 거리에서 찾아보고 알라 너희가 만일 **정의를 행하며 진리를 구하는 자를 한 사람이라도 찾으면 내가 이 성읍을 용서하리라** 그들이 여호와께서 살아 계심을 두고 맹세할지라도 실상은 거짓 맹세니라"에서 북이스라엘이 멸망했는데도 남유다는 깨닫지 못하고 더 부패하고 불순종한다. 그러자 하나님께서 남유다 어느 곳에서든지 의인 한 사람만 있어도 그곳을 용서하겠다고 하신다. 그만큼 당시의 타락상을 보여주는 말씀이다. 4장 22절 "내 백성은 나를 알지 못하는 어리석은 자요 지각이 없는 미련한 자식이라 **악을 행하기에는 지각이 있으나 선을 행하기에는 무지하도다**"에서도 하나님의 안타까운 마음과 조금이라도 "잘못했다"며 돌아오기만을 바라는 심정이 나타나 있다. 우리 인간들이 악을 행하는 데 있어서는 재빠르고 신이 나서 할 정도로 지각이 있어 보이나, 선을 행하는 것에는 느리고 게으르며 무지할 정도로 행동하지 않는 본성이 있음을 지적하고 계신다. 아브라함이 롯을 구하기 위해 소돔과 고모라에 의인 50에서 10명까지만 있어도 멸망시키지 않는다는 약속을 받았지만, 결국 의인은 없었다(창 18:24-32). 하나님을 믿는다 하면서 진정으로 하나님이 원하시는 의인이라 칭함 받을 수 있는가? 하고 필자에게 묻는다면 정말 창피하고 부끄러워 얼굴을 들 수 없다는 생각이 든다. 그러나 의인이 되기 위함보다는 작은 일에도 주님의 말씀대로 살고자 매일 실천하도록 노력하는 삶 속에서 언젠가는 주님이 사용하시는 도구가 될 수 있게 되기를 바랄 뿐이다.

우리 성도들에게 구원의 책임이 있음을 에스겔 3장 18-21절 **"가령 내가 악인에게 말하기를 너는 꼭 죽으리라 할 때에 네가 깨우치지 아니하거나 말로 악인에게 일러서 그의 악한 길을 떠나 생명을 구원하게 하지 아니하면 그 악인은 그의 죄악 중에서 죽으려니와 내가 그의 피 값을 네 손에서 찾을 것이고 네가 악인을 깨우치되 그가 그의 악한 마음과 악한 행위에서 돌이키지 아니하면 그는 그의 죄악 중에서 죽으려니와 너는 네 생명을 보존하리라** 또 의인이 그의 공의에서 돌이켜 악을 행할 때에는 이미 행한 그의 공의는 기억할 바 아니라 내가 그 앞에 거치는 것을 두면 그가 죽을지니 이는 네가 그를 깨우치지 않음이니라 그는 그의 죄 중에서 죽으려니와 그의 피 값은 내가 네 손에서 찾으리라 그러나 네가 그 의인을 깨우쳐 범죄하지 아니하게 함으로 그가 범죄하지 아니하면 정녕 살리니 이는 깨우침을 받음이며 너도 네 영혼을 보존하리라"에서 표현하고 있다. 에스겔은 요시야 왕 때 출생(B.C. 622년경)하여 바벨론 2차 침공 때 여호야긴 왕과 더불어 바벨론에 포로가 되었다. 포로 된 지 5년째(B.C. 593년경) 선지자로서 소명을 받고(약 30세) 바벨론 포로지에서 22년간 사역하다 B.C. 570년경에 죽었다. 예레미야 선지자의 사역 후반부터 다니엘 선지자 사역 초기까지 활동한 것으로 추정된다. 믿는 자가 악인에게 잘못을 알리고 회개할 것을 권면해야만 하는데도, 자기만 죄짓지 않고 사는 것이 인생의 목표가 된다면, 악인의 피 값을 자신에게도 치러야 한다는 것을 말씀하고 계신다. 악인만 아니라 의인이라도 죄를 지을 수 있다. 이전에 옳은 일을 했어도 현재 죄를 지으면 헛고생이 되는 것이며, 회개하도록 권유하지 않으면 그에 대한 대가를 피값으로 받게 된다. 그러나 회개하도록 권유하고 중보기도를 통해 잘못을 뉘우친다면, 그와 나 자신 모두가 영생을 얻게 된다는 뜻이리라. 의인은 죄를 짓더라도 회개할 수 있기에 악인과 다르다. 그 책임이 권유만으로 끝나지 않고 실행 여부까지 미치는 것이다. 우리가 잘 아는 바와 같이, 모세, 다윗, 솔로몬과 같은 의인도 죄를 짓게 되고 회개치 않으면 가나안에 들어가지 못하거나 자식 대에 나라가 둘로 갈라지고 환난이 이어지게 되니, 영원한 의인은 예수님밖에 없다. 의인으로 인정받았다고 교만하여 죄를 지으면 악인이 될 수 있음을 명심해야 한다. 한편, 예수님께서도 형제가 죄를 지으면 회개할 것을 권면하라고 마태복음 18장 15-17절에서 말씀하신다. "네 형제가 죄를 범하거든 가서 너와 그 사람과만 상대하여 권고하라 만일 들으면 네가 네 형제를 얻은 것이요 만일 듣지 않거든 한두 사람을 데리고 가서 두세 증인의 입으로 말마다 확증하게 하라 만일 그들의 말도 듣지 않거든 교회에 말하고 교회의 말도 듣지 않거든 이방인과 세리와 같이 여기라". 그리고 부활 승천하시면서 마지막으로 복음전파의 사명이 성도들에게 있음을 말씀하고 계시는데, 이를 다시 한번 깊이 되새겨야 한다.

그런데 세상 살다 보면 악인이 형통하는 것을 자주 볼 수 있다. 예레미야 12장 1-2절 "여호와여 내가 주와 변론할 때에는 주께서 의로우시니이다 그러나 내가 주께 질문하옵나니 **악한 자의 길이 형통하며 반역한 자가 다 평안함은 무슨 까닭이니이까 주께서 그들을 심으시므로 그들이 뿌리가 박히고 장성하여 열매를 맺었거늘 그들의 입은 주께 가까우나 그들의 마음은 머니이다**"에서 예레미야와 같은 믿음이 좋은 선지자도 위의 질문을 하게 되니, 우리도 가끔 이런 생각을 아니할 수 없는바, 악인이 더 잘살고 큰소리치며 사는 세상에서 그들을 부러워하는 마음과 그들과 친해지고 유사하게 살고 싶은 것이 인간의 본능일 것이다. 그러나 사랑하는 자식을 고생시키고 단련시키신 이유는 그가 상속자이기 때문이니, 악인이 순간적으로 잘사는 것처럼 보여도 자식이 '돌탕'(돌아온 탕자)이 되어 돌아오면, 악인에게 베푸신 선의를 거두시고 죄에 대한 대가를 보여 파멸시키심을 역사를 통해 알 수 있다. 앗수르를 세워 북이스라엘을 멸망시켰지만, 앗수르는 바벨론에 의해 무너지고 바벨론은 페르시아, 페르시아는 로마에 의해 파멸되어 예수님의 시대로 넘어오게 된다. 우리의 죄로 인해 악인이 형통하고 평안한 것처럼 보여도 그들이 죄 가운데 있기에, 속으로는 불안하고 자기 부·명예·권력을 유지하기 위해 매일 걱정·근심과 남을 속일 일만 강구하고 거짓된 행동을 하게 되는 것이다. 한국 교회가 흔들리고 제 역할을 못 하고 죄 속에 있기에 악인들이 판 치고 있는 세상이 되었다. 우리 주변의 악인이 잘살고 배부르다면 우리 죄가 회개치 않고 쌓여 있다는 것을 깨달아 '돌탕'으로 거듭나야 함을 예시하는 것이리라.

한편, 알곡과 가라지를 그대로 두는 이유는 가라지를 뽑을 때 알곡이 함께 뽑힐까 염려되어서이니, 심판의 날까지 그대로 두었다가 뽑는다는 말씀을 기억해야 한다. 마태복음 13장 27-31절 "**집주인의 종들이 와서 말하되 주여 밭에 좋은 씨를 뿌리지 아니했나이까 그런데 가라지가 어디서 생겼나이까 주인이 이르되 원수가 이렇게 했구나 종들이 말하되 그러면 우리가 가서 이것을 뽑기를 원하시나이까 주인이 이르되 가만두라 가라지를 뽑다가 곡식까지 뽑을까 염려하노라 둘다 추수 때까지 함께 자라게 두라 추수 때에 내가 추수꾼들에게 말하기를 가라지는 먼저 거두어 불사르게 단으로 묶고 곡식은 모아 내 곳간에 넣으라 하리라**"와 예레미야 15장 19-21절 "**여호와께서 이와 같이 말씀하시되 네가 만일 돌아오면 내가 너를 다시 이끌어 내 앞에 세울 것이며 네가 만일 헛된 것을 버리고 귀한 것을 말한다면 너는 나의 입이 될 것이라 그들은 네게로 돌아오려니와 너는 그들에게로 돌아가지 말지니라 내가 너로 이 백성 앞에 견고한 놋 성벽이 되게 하리니 그들이 너를 칠지라도 이기지 못할 것은 내가 너와 함께하여 너를 구하여 건짐이라 여호와의 말씀이니라 내가 너를 악한 자의 손에서 건지며 무서운 자의 손에서 구원하리라**"처럼 악인이 심판을 받으려면 우리가 그들과 멀리

떨어져 주께로만 돌아가서 그분의 뜻대로, 말씀대로 사는 것이다. 이것은 하루아침에 이뤄지는 것이 아니라, 많은 고난과 인내 속에서 열매 맺는 것이리라.

주님, 우리가 낳은 자식을 잘 키우고 가르치려 하는 것은 악인도 하는 것이니 당연지사요, 의롭게 사는 것은 성도로서 지켜야 할 도리요 선한 길이니, 힘들고 고통이 따르더라도 그곳으로 인도하시고, 악인이 잘 사는 것에 신경 쓰지 말고, 전쟁은 하나님의 몫이니 모든 것을 주께 맡기고, 우리는 단지 주님의 뜻 가운데 교육·신앙·생활 공동체 안에서 믿음의 형제자매들과 함께 살아가도록 인도하여 주소서. 아멘.

찬양 : 돌아서지 않으리. 주만 바라볼지라

하나님의 선지자

하나님의 선지자의 모습은 어떤 것인지, 이스라엘 역사 속에서 그 의미를 찾아보자. 민수기 22장 31-35절 **"때에 여호와께서 발람의 눈을 밝히시매 여호와의 사자가 손에 칼을 빼어들고 길에 선 것을 보고 머리를 숙이고 엎드리니 여호와의 사자가 그에게 이르되 너는 어찌하여 네 나귀를 이같이 세 번 때렸느냐 보라 네 길이 내 앞에 패역하므**

로 내가 너를 막으려고 나왔더니 나귀가 나를 보고 이같이 세 번을 돌이켜 내 앞에서 피했느니라 나귀가 만일 돌이켜 나를 피하지 아니했더면 내가 벌써 너를 죽이고 나귀는 살렸으리라 발람이 여호와의 사자에게 말씀하되 내가 범죄했나이다 당신이 나를 막으려고 길에 서신 줄을 내가 알지 못했나이다 당신이 이를 기뻐하지 아니하시면 나는 돌아가겠나이다 여호와의 사자가 발람에게 이르되 그 사람들과 함께 가라 내가 네게 이르는 말만 말할지니라 발람이 발락의 귀족들과 함께 가니라"에서 보면, 모압왕 발락('약탈자', '멸망시키는 자'라는 뜻)이 이스라엘을 두려워하여 미디안의 복술가인 발람을 초대하여 이스라엘을 저주케 하는 상황이 나온다. 발락에게로 가는 도중에 나귀는 천사를 알아보고 섰고, 발람은 보지 못하여 나귀를 세 번이나 때림으로써 하나님의 의도를 전혀 몰랐던 장면이다. 발람의 뜻은 '탐식가', '백성을 멸망시키는 자(잡아먹는 자)'로, 출애굽 당시 메소포타미아에서 유명했던 거짓 선지자요 점술가였다. 그런데 하나님의 명령을 듣고 두려워할 정도로 신의 소리를 듣는 무당의 능력을 갖고 있었다. 그래서 하나님께서 거짓 선지자인 발람을 사용하셔서 이스라엘에게 저주가 아닌 축복과 칭송을 하도록 유도하신 것이다. 다섯 번이나 하나님의 신탁을 그대로 발락에게 전할 만큼 충성스럽게 행동하지만, 이것은 발락으로부터 재물을 얻기 위한 욕심에 의한 것으로써, 결국 이후에 이스라엘 백성을 음행과 우상 숭배로 인도했다가 죽게 되는 비참한 최후를 맞는다. 민수기 31장 7-8절 "그들이 여호와께서 모세에게 명하신 대로 미디안을 쳐서 그 남자를 다 죽였고 그 죽인 자 외에 미디안의 다섯 왕을 죽였으니 미디안의 왕들은 에위와 레겜과 수르와 후르와 레바이며 또 브올의 아들 발람을 칼로 죽였더라"
에서 알 수 있듯이 오늘날도 발람처럼 적그리스도이지만 친그리스
도인 양 하나님 말씀을 전하고 신유의 은사를 베풀고, 주의 종이
라 행동하지만 실제는 거짓 선지자로서 자신의 욕심과 명예·돈을
위해 일하는 사람들이 있음을 잊지 말고, 그들의 말과 행동 속에
서 비성경적인 것이 있다면 분별하여 훈계하고 듣지 않으면 멀리해
야 한다.

한편 이사야 50장 4-8절 "주 여호와께서 학자들의 혀를 내게 주사
나로 곤고한 자를 말로 어떻게 도와줄 줄을 알게 하시고 아침마다 깨우
치시되 나의 귀를 깨우치사 학자들같이 알아듣게 하시도다 주 여호와
께서 나의 귀를 여셨으므로 내가 거역하지도 아니하며 뒤로 물러가지도
아니하며 나를 때리는 자들에게 내 등을 맡기며 나의 수염을 뽑는 자들
에게 나의 뺨을 맡기며 모욕과 침 뱉음을 당해도 내 얼굴을 가리지 아
니했느니라 주 여호와께서 나를 도우시므로 내가 부끄러워하지 아니하
고 내 얼굴을 부싯돌같이 굳게 했으므로 내가 수치를 당하지 아니할 줄
아노라 나를 의롭다 하시는 이가 가까이 계시니 나와 다툴 자가 누구냐
나와 함께 설지어다 나의 대적이 누구냐 내게 가까이 나아올지어다"에
서 하나님께 순종하고 말씀대로 사는 성도에게 이사야처럼 사랑
과 은혜를 베푸시는바, 혀의 악기능이 아닌 순기능으로 어려운 사
람을 돕게 하시고 새벽기도 때마다 진리를 깨우치게 하사 공부 많
이 한 사람만큼 알게 하시며, 귀가 열리고 경청하는 태도가 생겨
교만하지도 비겁하지도 않게 되고, 핍박하며 괴롭히는 사람들에게
도 긍휼과 용서의 마음으로 대할 수 있는 것이다. 누가 나를 조롱

하고 비난하더라도 주님만이 백성·자녀·종·친구로서 인정해 주신다. 그러므로 부끄럽지 않고 담대하게 대응함으로써 의인의 길로 가까이 갈 수 있다. 따라서 주님을 영원토록 찬양하고 경외하며 사는 것이 기쁨과 평안으로 이어지는 것이다. 위의 말씀처럼 행동할 수 있게 된다면 **"하나님 보시기에 좋더라"**는 인(印)치심을 받아 선한 길을 가고 있다고 느낄 수 있을 것이다.

하나님께서는 솔로몬에게 내 계명을 지키고 순종하여 우상 숭배하지 않으면 네 왕위가 자손 대대로 견고하지만, 불순종하면 재앙이 내릴 것을 언약하셨다. 그런데 이후의 역사 속에서 온갖 고난과 죽음을 겪게 되는 환난이 이어짐을 우리는 알고 있다. 왕상 11장 1-8절을 보면 자기 가족들이 이방신을 숭배하는 것을 묵인하고 하나님의 진노하심에도 회개했다는 내용은 성경에 없다. "솔로몬 왕이 바로의 딸 외에 이방의 많은 여인을 사랑했으니 곧 모압과 암몬과 에돔과 시돈과 헷 여인이라 여호와께서 일찍이 이 여러 백성에 대하여 이스라엘 자손에게 말씀하시기를 너희는 그들과 서로 통혼하지 말며 그들도 너희와 서로 통혼하게 하지 말라 그들이 반드시 너희의 마음을 돌려 그들의 신들을 따르게 하리라 하셨으나 솔로몬이 그들을 사랑했더라 **왕은 후궁이 칠백 명이요 첩이 삼백 명이라 그의 여인들이 왕의 마음을 돌아서게 했더라** 솔로몬의 나이가 많을 때에 그의 여인들이 그의 마음을 돌려 다른 신들을 따르게 했으므로 왕의 마음이 그의 아버지 다윗의 마음과 같지 아니하여 그의 하나님 여호와 앞에 온전하지 못했으니 이는 시돈 사람의 여신 **아스다롯**을 따르고 암몬 사람의 가증한 **밀곰**을 따름이라 솔로몬이 여호와의 눈앞에서 악을 행하여 그의 아버지 다윗이 여호와를 온전히 따름 같이 따르지 아니하고 모압의 가증한 **그모스**를 위하여 예루살렘 앞 산에 산당을 지었고 또 암몬 자손의 가증한 **몰록**을 위하여 그와 같이 했으며 그가 또 그의 이방 여인들을 위하여 다 그와 같이 한지라 그들이 자기의 신들에게 분향하며 제사했더라"에서 아스다롯은 풍요의 신으로서 바알의 아내인데 숭배 의식에는 '신전의 창기들'이 참여한 난잡한 섹스판이 벌어졌다. 그모스는 민족신으로서 자식을 제물로 드려 불 가운데로 지나게 하는 몹시 가증스런 인신제사 형태를 행했으며, 몰록 또는 몰렉은 인간의 몸을 근간으로 황소의 머리를 하고 두 팔을 벌리고 있는 형상의 민족신으로서 어린이를 제물로 바쳐 제사 지내는 인신공회(人身供犧)을 행했다. 이에 왕상 11장 11-13절에는 "**여호와께서 솔로몬에게 말씀하시되 네게 이러한 일이 있었고 또 네가 내 언약과 내가 네게 명령한 법도를 지키지 아니했으니 내가 반드시 이 나라를 네게서 빼앗아 네 신하에게 주리라 그러나 네 아버지 다윗을 위하여 네 세대에는 이 일을 행하지 아니하고 네 아들의 손에서 빼앗으려니와 오직 내가 이 나라를 다 빼앗지 아니하고 내 종 다윗과 내가 택한 예루살렘을 위하여 한 지파를 네 아들에게 주리라 하셨더라"**고 말씀하신다. 결국 약속하신 대로 솔로몬 신하의 아들 여로보암에게 열 지파의 이스라엘을 넘겨주시고 유다 지파만이 아들 르호보암에게 이어졌으니, 앗수르의 지배를 받기 전까지 약 400년간 분단의 아픔과 전쟁이 지속되는 심판을 받게 된 것이다.

또 다른 사례는 바울이 전도 여행하던 중에 일어난 일인데, 사도행전 14장 14-15절 "**두 사도 바나바와 바울이 듣고 옷을 찢고 무리 가**

운데 뛰어 들어가서 소리 질러 가로되 여러분이여 어찌하여 이러한 일을 하느냐 우리도 **너희와 같은 성정을 가진 사람이라** 너희에게 복음을 전하는 것은 이 헛된 일을 버리고 천지와 바다와 그 가운데 만유를 지으시고 살아 계신 하나님께로 돌아오라 함이라"의 상황은 루스드라(현재 터키 중앙에 있는 이고니온 북동쪽 평원으로 농경 지역)에서 바울이 앉은뱅이를 고치자 그 지역 사람들이 "신들이 사람의 형상으로 내려오셨다"고 하며 바나바는 제우스, 바울은 헤르메스(제우스의 아들로서 대변자)라 칭하며 소와 화환을 가지고 제사를 지내는 장면이다. 그럼으로써 옷을 찢고 화가 나서 그들에게 전도자의 자세를 말하고 있는 것이다. 우리는 종종 대형교회 목사, 세계적 선교사들을 하나님의 종이라고 신격화하여 그들의 말을 성경보다 더 위에 놓고 따르는 경향이 있다. 2천 년 전에도 이와 유사한 일이 벌어졌으나, 바울과 바나바 두 전도자는 "우리도 사람이니 우리를 그리스 신으로 격상하지 말고 하나님만 바라보고 회개하여 구원을 받으라"고 했다. 이것이 바로 올바른 사도의 자세라는 것을 보여주고 있는 것이다. 신유의 은사나 말씀의 은사를 받아 크게 쓰임 받는 목자라면, 설령 신도들이 우상 숭배적 행동을 하려 할 때 옷을 찢는 고통의 모습으로 이를 거부하고 저지해야 한다. 그럼에도 불구하고 신도들을 더 추앙하도록 조장하는 것을 흔히 볼 수 있는데, 너무 안타까울 뿐이다. 이제부터라도 똑같은 사람이니 우상 숭배하지 않고 하나님과 자신과의 올바른 신앙관계를 정립하고자 말씀·기도·찬송으로 매일 예배하는 신자로서 하나님이 찾으시는 단 한 사람이 되도록 애써야 할 때가 아닌가 생각한다.

주님, 솔로몬은 초기 하나님의 지혜로 세상의 영광을 얻게 되었지만, 권력과 부, 여자를 하나님보다 더 사랑하게 됨으로써 언약을 어기는 죄를 짓게 되나, 회개하지 않고 죽음으로써 언약의 심판을 자손 대대로 받게 되는 치욕을 당했습니다. 세상적 욕심을 위해 세상적 방법으로 살아가는 우리 인생들을 불쌍히 여기사 하나님의 방법으로 살아가도록 지혜와 은혜를 내려 주시고, 우리가 주님이 주신 은사로 병을 고치며 복음 전파하지만, 이 모든 것이 자신의 욕심에서 비롯되는 거짓 선지자, 적그리스도로 살지 않도록 저희를 악마로부터 보호하사 참선지자, 친그리스도로서 주님의 길을 가게 인도하여 주소서. 아멘.

찬양 : 부르신 곳에서, 할렐루야

빛 가운데 거하라

요한일서 1장 6-10절 "만일 우리가 하나님과 사귐이 있다 하고 어두운 가운데 행하면 거짓말을 하고 진리를 행치 아니함이거니와 저가 빛 가운데 계신 것같이 우리도 **빛 가운데 행하면** 우리가 서로 사귐이 있고 그 아들 예수의 피가 우리를 **모든 죄에서 깨끗하게** 하실 것이요 만일 우리가 **죄 없다 하면 스스로 속이고 또 진리가 우리 속에 있지 아니할 것이요** 만일 우리가 우리 죄를 자백하면 저는 미쁘시고 의로우사 우리 죄를 사하시며 모든 불의에서 우리를 깨끗게 하실 것이요 만일 우리가 범죄하지 아니했다 하면 하나님을 거짓말하는 자로 만드는 것이니 또한 그의 말씀이 우리 속에 있지 아니하니라"고 말씀하신다. 하나님은 빛이시기에 우리 성도들은 빛 가운데 거해야 하는 것은 당연지사인데, 세상적 시험과 유혹 속에서 얼마나 많은 죄를 짓고 어둠 가운데 살고 있는가? 너무나 연약한 인간이기에 죄를 아예 안 짓고 살수는 없을 것이다. 그러나 죄를 고백하고 회개하면 주님께서 우리 죄를 사하시고 눈보다 더 희게 바꿔주시리라 믿는다. 사회생활을 많이 하는 사람일수록, 세상적 사귐을 많이 가질수록 죄를 지을 수밖에 없다. 그렇기에 매일 회개하는 마음으로 주님 앞에 나간다면 우리가 살면서 덜 죄를 짓게 될 것이고, 그것이 계속 쌓여가면 죄짓지 않고 사는 날이 올 것이다. 또한 신앙 안에서 살아가는 공동체 안에 있다면, 서로가 죄짓지 않고 살도록 격려할 것이고, 그 안에서 주님의 보혜사 성령을 통해 항상 기뻐하며 살 수 있다. 그러므로 공동체의 비전을 실천하고자 오늘도 내일도 노력해야 할 것이다.

이사야 선지자는 60장 1-5절 **"일어나라 빛을 발하라 이는 네 빛이** 이르렀고 여호와의 영광이 네 위에 임했음이라 보라 어둠이 땅을 덮을 것이며 캄캄함이 만민을 가리려니와 오직 여호와께서 네 위에 임하실 것이며 그의 영광이 네 위에 나타나리니 나라들은 네 빛으로, 왕들은 비치는 네 광명으로 나아오리라 네 눈을 들어 사방을 보라 **무리가 다 모여 네게로 오느니라** 네 아들들은 먼 곳에서 오겠고 네 딸들은 안기어 올 것이라 그때에 네가 보고 기쁜 빛을 내며 네 마음이 놀라고 또

화창하리니 이는 바다의 부가 네게로 돌아오며 이방 나라들의 재물이 네게로 옴이라"에서 믿는 자에게 세상의 빛의 역할을 강조하신다. 세상에 매여 살면서 죄를 짓지 않고 사는 것이 얼마나 힘든 일인지, 성경에서 말하는 죄의 정의와 종류(롬 1:23-31, 물론 이보다 더 많은 죄가 존재)를 알고 나면, 자신의 우상 숭배와 불순하고 거짓된 삶이 보인다. 세상의 성공을 위해 조금씩 주님과 멀어지는 자신의 모습을 발견하는 것은 그리 어려운 경험이 아닐 것이다. 그런 어둠에 있을 때 항상 마음속 한편이 불편하고 답답하지만, 곧 자신을 합리화하기 위한 조건과 수단을 찾아 지금 세상적으로 사는 것이 어쩔 수 없는 것이며, 교회 안에 있는 많은 유사한 사람들을 보면서 점점 죄의식 속에서 탈피하게 된다. 그러나 하나님의 백성은 어둠 속에서 한 줄기 빛을 찾아야 하고, 그 빛 가운데 있기 위해 죄의 땅에서 일어나 빛을 발하는 삶을 살아야 한다. 이것의 기쁨과 평안을 맛보고 나면 이제는 어둠 위에서 다시는 흑암 속으로 내려가지 않고 빛의 세상에서 주님의 영광만을 위해 살 수 있게 될 것이다. 예수님도 산상수훈과 함께 마태복음 5장 16절 "이같이 너희 빛이 사람 앞에 비치게 하여 그들로 너희 착한 행실을 보고 하늘에 계신 너희 아버지께 영광을 돌리게 하라"고 말씀하시니 우리는 빛의 아들, 빛의 사람으로서 살아가야 하리라. 이렇게 우리가 빛 가운데 살아가면 하나님은 빛이시기에 빛의 선물을 주시니, 마음의 평화와 샘솟는 기쁨만이 아니라, 땅의 소유와 재물의 복도 덤으로 주신다. 주님의 영광을 위해 사는 것이 결국 빛의 자녀들로서의 영광이 되어 돌아오는 것이리라. 빛의 아들은 요한복음 12장 24-25, 35-36절

"내가 진실로 진실로 너희에게 이르노니 **한 알의 밀이 땅에 떨어져** 죽지 아니하면 한 알 그대로 있고 **죽으면 많은 열매를 맺느니라** 자기의 생명을 사랑하는 자는 잃어버릴 것이요 이 세상에서 자기의 생명을 미워하는 자는 영생하도록 보전하리라 예수께서 이르시되 아직 잠시 동안 빛이 너희 중에 있으니 빛이 있을 동안에 다녀 어둠에 붙잡히지 않게 하라 어둠에 다니는 자는 그 가는 곳을 알지 못하느니라 너희에게 아직 빛이 있을 동안에 **빛을 믿으라 그리하면 빛의 아들이 되리라**"에 나온다. 무덤에서 죽은 나사로를 나흘 만에 살리신 예수님의 표적으로 많은 사람들이 회심하여 예수님을 믿게 되므로 제사장들이 자신들의 권위·부의 원천이 사라질 것을 두려워하여 예수님을 이단으로 몰아 죽이려 하는 때에 이 말씀을 하셨다. 하나의 밀알이 땅에 떨어져 죽어야 열매를 맺는다고 말씀하신 것은 십자가에 못 박히심으로써 많은 사람들을 구원하여, 주님의 이름을 땅끝까지 전파하여 이방인들에게도 회개의 기회를 주시고 돌아올 수 있는 길을 열어 주신 것처럼, 우리도 십자가의 정신으로 나 자신의 모든 것을 버려서 내려놓고, 나보다 더 주님과 이웃을 사랑하는 자가 되어야 진정으로 죽지 않고 영생하게 됨을 알려 주시려는 것이다. 자기의 생명을 미워하는 것은 나 자신뿐 아니라 나와 관계된 모든 것을 버려야 한다는 뜻이다. 사랑하는 가족과 친구가 악의 길로 간다면, 그들을 위해 중보기도를 하지만 같이 동행할 수는 없기 때문에, 괴롭더라도 냉정함과 철저함이 동반되어야 한다. 반면에 친구가 어둠 속에 있을 때, 나도 그 어둠 속으로 들어가 그들을 구원하는 것이 그들과 같은 죄의 행동을 하는 것이 아니라면, 빛에 있으면서 그들을 어둠에서부터 빛으로 인도해야 한다. 그러기 위해 항상 기도하고 예수님의 본을 전하며 살 때에 우리는 빛의 아들·자녀·백성, 나아가서 주님의 친구가 될 수 있다.

예수님께서 지구상에서 마지막 남기신 말은 무엇일까? 사도행전 1장 8-9절 "오직 **성령**이 너희에게 임하시면 너희가 **권능**을 받고 예루살렘과 온 **유대**와 **사마리아**와 땅끝까지 이르러 내 **증인**이 되리라 하시니라 이 말씀을 마치시고 저희 보는 데서 올리워 가시니 구름이 저를 가리워 보이지 않게 하더라"인데, 성령이 함께하면 어느 곳에서든지 주님의 복음을 전파하고 그 증인이 되는 것이 진정한 제자이자 자녀의 역할이다. 인간도 죽기 전에 가장 중요한 말을 남기는 것과 같이 예수께서 하늘나라로 가시기 전 명령이자 부탁이신 이 말씀을 하셨다. 우리는 이 말씀을 실행하며 살아야 하는 것이다.

이사야 40장 8-11절 "풀은 마르고 꽃은 시드나 우리 하나님의 말씀은 영영히 서리라 하라 **아름다운 소식을 시온에 전하는 자여 너는 높은 산에 오르라 아름다운 소식을 예루살렘에 전하는 자여 너는 힘써 소리를 높이라** 두려워 말고 소리를 높여 유다의 성읍들에 이르기를 너희 하나님을 보라 하라 보라 주 여호와께서 장차 강한 자로 임하실 것이요 친히 그 팔로 다스리실 것이라 보라 상급이 그에게 있고 보응이 그 앞에 있으며 그는 목자같이 양무리를 먹이시며 어린 양을 그 팔로 모아 품에 안으시며 젖 먹이는 암컷들을 온순히 인도하시리로다"에서 이사야 선지자를 통해서도 하나님의 뜻과 위대하심을 만방에 알리라고 명령하고 계심이 구약과 신약 모두 공통되는 사항이다. 결론적으로, 믿는 자는 하나님을 믿어 나와 내 가족만이 잘살고 구원받는 것이

최종 목표가 아니라, 모든 사람에게 복음을 전하고 하나님의 길을 가게 권유하는 것이 사명이며 도리인 것이다.

> 주님, 어두운 세상 속에 살고 있지만 주님을 본받아 한 줄기 빛이 되어 정결, 경건, 거룩의 몸·맘·영을 만들며 십자가의 사랑과 희생으로 살아가면서 주님의 영광을 위해 세상의 소금과 빛의 역할을 할 수 있도록 매일, 매 순간 인도하시고, 주님께서 저희에게 명령하신 그 일을 작은 것에서부터 큰 것까지 각자의 은사대로 행하게 하사 주님의 증인이 되도록 가르쳐 주소서. 아멘.

찬양 : 빛의 사자들이여

제 2 장

예수님은 누구신가?

B.C. 4년경 로마 식민지 시대에 베들레헴의 비천한 마구간에서
탄생하신 예수의 이름은 '하나님께서 구원하신다'라는 뜻이며,
그리스도는 '기름 부음을 받은 자' 즉 구세주를 의미한다.
그러므로 베드로의 고백처럼 예수 그리스도는
'살아 계신 하나님의 아들'이신 것이다.
세상은 예수님을 식민지로부터 해방시켜 주는 정치가이며
권력자이길 원했다. 하지만 예수님은 공생애 기간 동안 병들고
불쌍하게 사는 사람들에게 신유의 은사와 말씀을 통한
구원의 나라를 보여주셨다. 아직까지도 우리가 예수님을
세상적 성공을 위한 도구로 사용하고 있는 것은 아닌지 돌아보고,
예수님이 걸어가신 그 길처럼 어려운 이웃과의 나눔과 섬김을
통해 사랑을 베푸는 삶을 살아야 한다. 그래야
진정으로 인생의 목적과 존재 이유를 알게 될 것이다.

예수님은 교회의 머리

골로새서 1장 15-18절 "그는 보이지 아니하는 **하나님의 형상**이시요 모든 피조물보다 먼저 나신 이시니 만물이 그에게서 창조되되 하늘과 땅에서 보이는 것들과 보이지 않는 것들과 혹은 왕권들이나 주권들이나 통치자들이나 권세들이나 만물이 다 그로 말미암고 그를 위하여 창조되었고 또한 그가 만물보다 먼저 계시고 만물이 그 안에 함께 섰느니라 그는 몸인 **교회의 머리**시라 그가 근본이시요 죽은 자들 가운데서 먼저 나신 이시니 이는 친히 만물의 으뜸이 되려 하심이요"의 말씀은 예수님의 정체성을 표현하는 구절이다. 하나님의 아들로서 하나님과 똑같은 성품을 지니고 모든 피조물보다 먼저 나신 분이다. 보이는 것과 보이지 않는 것은 모든 만물을 의미한다. 또 권력자들을 언급하신 것은 세상적으로 강력한 모든 것을 창조하셨기에 우리가 순종하며 살 수밖에 없는 존재들임을 강조하는 것이다. 몸의 각 지체를 형성하는 것이 교회라 함은 각 은사를 받아 신앙 공동체로 살아가는 것이니, 건물을 뜻하지 않으며, 그 공동체의 머리 되신다는 것은 모든 일을 주관하시는 그 뜻에 따라 순종하며 거룩하게 살아야 한다는 것을 나타낸다. 산 자만이 아니라 죽은 자까지도 포함하는 만물의 으뜸이신 것을 강조하는 이유는 우리의 존재가 그분으로 말미암아 형성되고 있기 때문이다.

고린도전서 15장 45-47절 "**기록된바 첫 사람 아담은 생령이 되었다** 함과 같이 **마지막 아담은 살려주는 영**이 되었나니 그러나 먼저는 신령한 사람이 아니요 육의 사람이요 그 다음에 **신령한 사람**이니라 첫 사람은 땅에서 났으니 흙에 속한 자이거니와 **둘째 사람은 하늘에서 나셨느니라**"에서 첫 사람 아담은 하나님의 사랑으로 이 세상에 나왔지만, 무지와 욕심으로 죄를 짓고 사망의 권세에 사로잡히는 삶을 살게 되었다. 마지막 아담은 십자가에서 죽음으로써 사망의 권세를 깨뜨리고 구원을 베푸신 예수 그리스도를 칭하는 것이라 할 수 있다. 양자의 관계는 다음과 같다.

첫째, 생령(生靈), 즉 살아 있는 영과 살려주는 영이며

둘째, 육 있는 자와 신령한 자

셋째, 땅에서 난(흙에 속한) 자와 하늘에서 나신 자

넷째, 첫 사람과 둘째 사람이며

다섯째, 죄를 범한 자와 죄와 무관하신 자(롬 5:15)

여섯째, 순종치 않은 자와 순종하신 자(롬 5:19)

일곱째, 사망을 가져온 자와 생명을 가져오신 자(롬 5:17)

여덟째, 죄를 더하게 한 자와 은혜를 넘치게 하신 자(롬 5:20)로서의 차이가 로마서에서도 나타난다. 참고로 로마서 5장 18-21절 "**그런즉 한 범죄로 많은 사람이 정죄에 이른 것같이 한 의로운 행위로 말미암아 많은 사람이 의롭다 하심을 받아 생명에 이르렀느니라 한 사람이 순종하지 아니함으로 많은 사람이 죄인 된 것같이 한 사람이 순종하심으로 많은 사람이 의인이 되리라 율법이 들어온 것은 범죄를 더하게 하려 함이라 그러나 죄가 더한 곳에 은혜가 더욱 넘쳤나니 이는 죄가 사망 안에서 왕 노릇한 것같이 은혜도 또한 의로 말미암아 왕 노릇하여 우리**

주 예수 그리스도로 말미암아 영생에 이르게 하려 함이라"를 보면, 결국 그리스도 예수를 통한 영생의 길로 들어가는 것이 인생의 목표가 되어야 하는 것이다.

고린도전서 10장 3-4절 "다 같은 **신령한 음식**을 먹으며 다 같은 **신령한 음료**를 마셨으니 이는 그들을 따르는 신령한 반석으로부터 마셨으매 **그 반석은 곧 그리스도시라**"에서 우리가 주님의 몸과 피를 상징하는 떡과 포도주를 먹고 마시는 것은 신령한 반석으로부터 흘러나온 그리스도의 말씀과 뜻을 따라 순종하며 살아간다는 의지를 실천하는 것이 주님의 종이며 친구가 되는 길임을 알려 주신다. 그러나 출애굽 시대에 이스라엘 백성이 보여 준 행위에서 금지 항목이 있으니, 7-10절 "그러나 그들의 다수를 하나님이 기뻐하지 아니하셨으므로 그들이 광야에서 멸망을 받았느니라 이러한 일은 우리의 본보기가 되어 우리로 하여금 그들이 악을 즐겨한 것같이 즐겨하는 자가 되지 않게 하려 함이니 그들 가운데 어떤 사람들과 같이 너희는 **우상 숭배하는 자가 되지 말라** 기록된바 백성이 앉아서 먹고 마시며 일어나서 뛰논다 함과 같으니라 그들 중의 어떤 사람들이 음행하다가 하루에 이만삼천 명이 죽었나니 우리는 그들과 같이 **음행하지 말자** 그들 가운데 어떤 사람들이 주를 시험하다가 뱀에게 멸망했나니 우리는 그들과 같이 **시험하지 말자** 그들 가운데 어떤 사람들이 원망하다가 멸망시키는 자에게 멸망했나니 너희는 그들과 같이 **원망하지 말라**"이다. 이 말씀을 정리해 보면 첫째, 탐심으로부터 발생되는 우상 숭배로서 하나님보다 더 우선하여 먹고 마시는 쾌락을 추구하고, 둘째, 광야시절 싯딤에서 발생한 모압 여인들과의 음행으로 말미암아 염병에 걸려 많은 백성이 죽은 사건을 보여주며(민 25:1-9), 셋째, 광야의 혹독한 생활과 방황으로 하나님의 명령을 거역하려는 시험적 행동을 보이다가 불뱀에게 물려 죽게 되는 상황(민 21:4-9), 마지막으로 시험 속에서 원망하는 마음이 동반하여 나타나는 것을 알려 주고 계신다. 즉 네 가지 금지 항목 ① 우상 숭배하지 말라 ② 음행하지 말라 ③ 시험하지 말라 ④ 원망하지 말라는 오늘날에도 중요하게 적용되는 것이니, 반드시 명심하여 살아가야 할 것이다.

구체적으로 우리는 어찌 살아야 하는가에 대해 9-12절 "**이로써 우리도 듣던 날부터 너희를 위하여 기도하기를 그치지 아니하고 구하노니 너희로 하여금 모든 신령한 지혜와 총명에 하나님의 뜻을 아는 것으로 채우게 하시고 주께 합당하게 행하여 범사에 기쁘시게 하고 모든 선한 일에 열매를 맺게 하시며 하나님을 아는 것에 자라게 하시고 그의 영광의 힘을 따라 모든 능력으로 능하게 하시며 기쁨으로 모든 견딤과 오래 참음에 이르게 하시고 우리로 하여금 빛 가운데서 성도의 기업의 부분을 얻기에 합당하게 하신 아버지께 감사하게 하시기를 원하노라**"라고 언급하신다. 그러므로 우리는 살면서 하나님의 뜻을 끊임없이 간구하고, 항상 기뻐하고, 쉼 없이 중보기도를 하며, 오래 참으면서, 범사에 감사해야 한다. 진정으로 복을 받기 원한다면, 3대 실천 강령과 함께 산상수훈의 8복과 성령의 9가지 열매인 아래의 2389원칙을 지키고 준행해야 할 것이다.

큰 계명

1. 네 마음을 다하고 목숨을 다하고 뜻을 다하여 주 너의 하나

님을 사랑하라

2. 네 이웃을 네 몸과 같이 사랑하라(마 22:37-39)

하나님의 뜻(3대 실천 강령)

1. 항상 기뻐하라

2. 쉬지 말고 기도하라

3. 범사에 감사하라(살전 5:16-18)

8복의 비결

1. 심령이 가난한 자 - 천국을 소유

2. 애통(회개)하는 자 - 위로받음

3. 온유한 자 - 땅을 소유(풍족한 삶)

4. 의에 주리고 목마른 자 - 배부름(만족)

5. 남을 긍휼(자비)히 여기는 자 - 측은지심, 역지사지

6. 마음이 청결한 자 - 하나님을 만남

7. 화평케 하는 자 - 하나님의 아들

8. 의를 위해 박해를 받은 자 - 천국을 소유(마 5:3-10)

9가지 성령의 열매(천국 같은 삶)

1. 사랑 2. 희락 3. 화평 4. 인내 5. 자비 6. 양선

7. 충성 8. 온유 9. 절제(갈 5:22-23)

항상 복 받는 비결은, 신명기 28장 1-6절 **"네가 네 하나님 여호와**

의 말씀을 삼가 듣고 내가 오늘 네게 명령하는 그의 **모든 명령을 지켜 행하면** 네 하나님 여호와께서 너를 **세계 모든 민족 위에 뛰어나게 하실 것이라** 네가 네 하나님 여호와의 말씀을 청종하면 이 모든 복이 네게 임하며 네게 이르리니 **네가 들어와도 복을 받고 나가도 복을 받을 것이니라**"에서 하나님의 말씀을 늘 상고하고 그의 모든 명령(음성)에 귀 기울여 행하기만 하면 모든 복이 우리에게 임하는 것이다. 언제, 어디서나, 누구와 함께 있든지, 무엇을 하든지 복 받게 되는 것이다. 복이 도대체 무엇인가? 물질적·신체적·정신적으로 나눌 수도 있지만, 근심 걱정 없이 살면서 나보다 남을 먼저 생각하고 사랑을 나누며 섬기는 것으로 생기는 기쁨과 평안일 것이다. 그러면 들어와도, 나가도 어느 곳에서나 주님이 함께하신다는 것이다. 반대의 경우(15-19절)가 생기면 "네가 만일 네 하나님 여호와의 **말씀을 순종하지 아니하여** 내가 오늘 네게 명령하는 그의 모든 명령과 규례를 지켜 행하지 아니하면 이 모든 저주가 네게 임하며 네게 이를 것이니 **네가 들어와도 저주를 받고 나가도 저주를 받으리라**"가 현실화될 것이다.

한편 복 받는 사례를 보면, 시편 84편 10-12절 "**주의 궁정에서의 한 날이 다른 곳에서의 천 날보다 나은즉** 악인의 장막에 사는 것보다 내 하나님의 **성전 문지기로 있는 것이 좋사오니** 여호와 하나님은 해요 방패이시라 여호와께서 은혜와 영화를 주시며 **정직하게 행하는 자에게 좋은 것을 아끼지 아니하실 것임**이니이다 만군의 여호와여 **주께 의지하는 자는 복이 있나**이다"에서 주의 궁정은 우리가 예배하며 주님과 만나는 시공간을 초월한 곳이다. 그러니 일분일초라도 교감과 공감이 이뤄진다면 세상적 생각과 근심으로 사는 천 날의 오랜 시간보다 훨씬 유익하며, 또한 성전 문지기처럼 가장 낮은 자로서 사는 것이 세상이 볼 때는 힘들고 어려워 보여도, 하나님의 은혜 안에 살기에 고난보다 기쁨과 평안이 더 크게 작용하는 것이다. 하나님의 뜻에 순종하며 정직하고 거룩하게 살아간다면 좋은 것을 아끼지 아니하시고 충만하게 복을 베풀어 주심으로 우리의 영·육·맘의 만사형통이 이뤄질 것이다.

또한 보지도 않고 믿는 복이 있으니 요한복음 20장 25-29절 "**다른 제자들이 그에게 이르되 우리가 주를 보았노라 하니 도마가 이르되 내가 그의 손의 못 자국을 보며 내 손가락을 그 못 자국에 넣으며 내 손을 그 옆구리에 넣어보지 않고는 믿지 아니하겠노라** 하니라 여드레를 지나서 예수께서 오사 가운데 서서 이르시되 너희에게 평강이 있을지어다 하시고 도마에게 이르시되 네 손가락을 이리 내밀어 내 손을 보고 네 손을 내밀어 내 옆구리에 넣어보라 그리하여 믿음 없는 자가 되지 말고 믿는 자가 되라 도마가 대답하여 이르되 **나의 주님이시요 나의 하나님이시니이다** 예수께서 이르시되 **너는 나를 본 고로 믿느냐 보지 못하고 믿는 자들은 복되도다** 하시니라"에서 말씀하고 계신다. 도마는 '쌍둥이'란 뜻으로 12제자 가운데 한 사람으로서 헬라 이름은 '디두모'이며, 주님과 더불어 죽음도 불사할 만큼 열정적인 사람이었다(요 11:16). 또한 예수께서 십자가에 달리시기 전에 도마가 영생의 처소로 가는 길을 물었을 때, 예수께서는 "내가 곧 길이요 진리요 생명"임을 가르쳐 주셨다(요 14:1-6). 하지만 눈으로 보지 않고는 주님의 부활을 믿지 못할 정도로 현실적이며 의심 많고 믿음이 부족한 바, 'doubting Thomas'(의심 많은 도마)라는 관용 표현이 이런 부류의 사람들을 의미한다고 한다. 그 일이 있은 지 8일 뒤 그 앞에 나타나신 예수님을 보고 그는 비로소 바른 신앙고백을 할 수 있었고, 갈릴리 해변에서 예수를 다시 뵈었고, 그분의 승천을 직접 목격했다. 그리고 후에 이란 북부 파르티안과 인도까지 가서 복음을 전한 뒤 첸나이 부근에서 기도하던 중, 창에 찔려 순교한 것으로 전해진다.

우리가 믿음이 있다 하더라도 현실적으로 불가능한 일이 일어난다면 보지 않고는 믿지 않게 되는 것이 상식적이다. 하지만 진정한 믿음은 보지 않고도 믿는 것이며, 그것의 진실 여부를 판단할 수 있는 지혜를 갖는 것이다. 히브리서 11장 1절 **"믿음은 바라는 것들의 실상이요 보이지 않는 것들의 증거니"**의 말씀처럼, 현재는 없어도 소망을 갖고 구하면 얻게 된다. 그것을 믿음으로써 불가능이 현실이 되는 것임을 다시 한번 깨달아, 볼 수 없는 것, 있을 수 없는 일을 믿고 끝까지 찾고 두드리는 마음을 가져야 할 것이다.

주님, 마지막 아담이신 예수님의 정체성과 복 받는 비결을 깨달아, 나의 명예와 재물과 힘을 유지하기 위해서 하나님의 장막에 거하는 것이 아니라, 문지기나 청소부라도 감수하고 밀알이 되고자 하는 마음으로 나눔과 섬김을 행하여, 주께 의지하는 자로서 가장 낮은 곳에서 어려운 이웃과 서로 사랑하며 정을 나누는 가운데 항상 기쁨과 평안의 복을 누리게 하여 주소서. 아멘.

찬양 : 예수님은 누구신가, 그 손 못 자국 만져라(거친 세상에서)

예수님만 생각하라

히브리서 12장 1-3절 "우리에게 구름같이 둘러싼 허다한 증인들이 있으니 모든 무거운 것과 얽매이기 쉬운 죄를 벗어버리고 인내로써 우리 앞에 당한 경주를 경주하며 믿음의 주요 또 온전케 하시는 이인 예수를 바라보자 저는 그 앞에 있는 즐거움을 위하여 십자가를 참으사 부끄러움을 개의치 아니하시더니 하나님 보좌 우편에 앉으셨느니라 너희가 피곤하여 낙심치 않기 위하여 죄인들이 이같이 **자기에게 거역한 일을 참으신 자를 생각하라**"는 말씀은 예수님과 사도들의 병 고침과 이적들이 성경에 있고 현재에도 곳곳에서 일어나는 많은 증거들이 있는데도 믿지 못하고 세상적으로 사는 이들에게, 죄악을 내던지고 예수님만 바라보면서 주어진 믿음의 경주를 하라는 가르침이다. 이 세상에서 그 나라와 그 의를 위하여 핍박 받는 것은 십자가를 지고 고통과 수취를 참고 이겨내신 예수님을 닮아 본받아 살려는 것이니, 영생의 상급이 주어지고 하나님 나라에 들어가게 될 것인바, 예수님을 기억하며 바라보고 살아가는 것이 지혜 있는 자의 행위인 것이다. 한편 갈라디아서 6장 14-17절 "그러나 내게는 우리 **주 예수 그리스도의 십자가 외에 결코 자랑할 것이 없으니 그리스도로** 말미암아 세상이 나를 대하여 십자가에 못 박히고 내가 또한 세상을 대하여 그러하니라 할례나 무할례가 아무것도 아니로되 **오직 새로 지으심을 받는 것만이 중요하니라 무릇 이 규례를 행하는 자에게와 하나님의 이스라엘에게 평강과 긍휼이 있을지어다 이후로는 누구든지 나를 괴롭**

게 하지 말라 내가 내 몸에 예수의 흔적을 지니고 있노라"에서 예수님의 고난과 부활을 상징하는 십자가만이 우리가 붙들고 살아가야하는 푯대이니, 이것밖에 자랑할 것이 없음은 힘들고 괴롭지만 인내와 낮아짐을 통해 주님의 영광을 드높이는 것이 나의 사명이요 기쁨이요 자랑이 된다고 말씀하신다.

고린도후서 10장 8, 17-18절 "주께서 주신 권세는 너희를 파하려고 하신 것이 아니요 세우려고 하신 것이니 내가 이에 대하여 지나치게 자랑해도 부끄럽지 아니하리라 자랑하는 자는 주 안에서 자랑할지니라 옳다 인정함을 받는 자는 자기를 칭찬하는 자가 아니요 오직 주께서 칭찬하시는 자니라"에서 우리는 일반적으로 자랑은 나쁘고 겸손해야하는 것으로 알고 있지만, 바울은 주 안에서의 자랑은 필요하고 간증을 통한 복음전파를 위해 충분조건이라고 말한다. 주께서 우리에게 은사를 주시고 능력을 주신 것은 잘못된 길로 가도록 함이 아니라 올바르게 쓰임 받게 세우심이니, 이 은사와 능력을 간증으로, 말씀으로, 글로 자랑해도 부끄럽지 않고 오히려 떳떳할 수 있음을 알아야 한다. 이와 같이 주 안에서의 자랑은 오만이 될 수 없고, 자기 자랑이 아닌 주님을 자랑하기 위해 자기가 도구가 될 뿐이기에, 예수님 자랑이 겸손이고 나의 겸손이 자랑이 될 수 있다. 11장 30-31절에는 "내가 부득불 자랑할진대 나의 약한 것을 자랑하리라 주 예수의 아버지 영원히 찬송할 하나님이 나의 거짓말 아니하는 줄을 아시느니라"고 하여 우리가 약점을 자랑하고, 그 약점을 주님께서 강점으로 만드셨음을 자랑해야 하는 것이다. 또한 12장 1절에는 "내가 부득불 자랑하노니 주의 환상과 계시를 말하리라"고 하면서,

자신이 천국 경험한 것을 자랑하고 있다. 결국 우리 자신뿐 아니라 다른 이에게도, 세상에게도 십자가의 보혈과 그 능력과 새로 거듭남을 증거하고 전파하는 것이 우리가 가야 할 길이리라. 새로 지으심을 받는 것은 부활을 위한 준비 단계이니 몸·맘·영의 부활을 위해 선한 길로 가야 하리라. 우리에게 예수님의 흔적이 남아 그것을 본받아 살면서 어려운 이웃을 사랑하는 것이 주님이 우리에게 허락하신 최대의 평안과 기쁨임을 잊지 않아야 한다.

> 주님, 오늘도 내일도 언제나 주님만 바라보고 살게 하시고 주님의 흔적을 본받는 제자도의 길을 가게 하사 주 안에서 우리의 연약함을 자랑하고, 그것을 강하게 하신 주님을 또한 간증하여 복음 전파에 매진함으로써 우리 사회에 정의가 바로 설 수 있도록 애쓰는 주님의 일꾼으로 키워 주소서. 아멘.

찬양 : 약할 때 강함되시네

예수님의 무관심

누가복음 12장 13-15절 **"무리 중에 한 사람이 이르되 선생님 내 형을 명하여 유산을 나와 나누게 하소서 하니 이르시되 이 사람아 누가**

나를 너희의 재판장이나 물건 나누는 자로 세웠느냐 하시고 그들에게 이르시되 삼가 **모든 탐심을 물리치라 사람의 생명이 그 소유의 넉넉한 데 있지 아니하니라**"고 말씀하셨다. 우리 믿는 분들 중에도 위와 같은 기도나 간구를 한 적이 있거나 하고 있을 수도 있겠는데, 세상의 권력·명예·돈을 소원하는 것은 욕심에서 비롯되는 것이니, 욕심을 채운다고 해서 그 욕심이 사라지는 것이 아니라 더욱 더 커지는 것이니, 독재자의 기간 연장이나 재벌의 탈세나 정경유착, 교수·목사·고위층들의 학력 조작과 논문 표절 등이 그 예가 될 수 있겠다. 예수님은 세상적 복을 간구하는 자에게 본인이 세상적 심판장이나 판단자가 아니라고 분명히 말씀하신다. 그것은 세상적 복에는 관심도 없고 관여하지도 않는다는 것이다. 그렇기에 우리의 기도가 세상적 부·명예·권력을 위한 것이 된다면, 설령 그것이 순간적으로 이뤄진다고 해도 결국 사망에게 이르게 될 것이다. 야고보서 1장 15절 **"욕심이 잉태한즉 죄를 낳고 죄가 장성한즉 사망을 낳느니라"**는 말씀을 명심해야 할 것이다. 또한 가족 간에도 지나친 사랑이 집착으로 변화되기 전에, 남의 아내·자식이라 생각하면 객관적으로 바라볼 수 있고, 분노와 흥분보다는 평정심을 갖고 기다릴 수 있을 것이다. 한편, 세상 속에 살면서 우리가 초심을 잃지 않고 늘 주님과 동행하려면 주님의 생각과 뜻을 본받기 위해 애써야 한다. 매 순간마다 주님이 지혜를 주시기에 근심과 염려가 필요 없다는 것을 12장 12절 **"마땅히 할 말을 성령이 곧 그때에 너희에게 가르치시리라 하시니라"**에서 말씀하고 계신다. 말씀과 찬송으로 무장된다면 어느 곳에 가든지, 무엇을 하든지 성령께서 가야 할 곳을,

해야 할 말과 행동을 알려 주시기에 아무 걱정하지 말고 담대하게 나가면 될 것이다. 그러나 세상적 욕망에 가치를 두는 모임이나 회식 자리는 복음 전파의 좋은 장소가 되지 못한다. 호랑이를 잡기 위해 호랑이굴로 들어가 봤자 호랑이 같은 생각과 생활을 할 수밖에 없기 때문이다. 따라서 전도하려면 한적한 곳에서 조용히 1:1로 하는 것이 더 마음을 움직일 수 있게 할 것이다.

세상의 무관심에 대해서는 누가복음 24장 13-20절 "그날에 그들 중 둘이 예루살렘에서 이십오 리 되는 엠마오라 하는 마을로 가면서 이 모든 된 일을 서로 이야기하더라 그들이 서로 이야기하며 문의할 때에 예수께서 가까이 이르러 그들과 동행하시나 그들의 눈이 가리어져서 그인 줄 알아보지 못하거늘 예수께서 이르시되 너희가 길 가면서 서로 주고받고 하는 이야기가 무엇이냐 하시니 두 사람이 슬픈 빛을 띠고 머물러 서더라 그 한 사람인 글로바라 하는 자가 대답하여 이르되 당신이 예루살렘에 체류하면서도 요즘 거기서 된 일을 혼자만 알지 못하느냐 이르시되 무슨 일이냐 이르되 나사렛 예수의 일이니 그는 하나님과 모든 백성 앞에서 말과 일에 능하신 선지자이거늘 우리 대제사장들과 관리들이 사형 판결에 넘겨주어 십자가에 못 박았느니라"의 사례에서 볼 수 있다. 이는 예수께서 사흘 만에 부활하신 후 글로바와 다른 한 제자가 엠마오로 가는 중에 생긴 일이다. 이십오 리는 10킬로미터 되는 거리이니 걷기에 꽤 오래 걸릴 것이다. 단순 계산해 보면 성인이 1초에 1미터씩 걷는다고 할 때 2.78시간으로, 거의 세 시간 걸리니 많은 얘기를 할 수 있는 시간이다. 그럼에도 불구하고 그 긴 시간 동안 자기가 모시던 스승을 알아보지 못하는 것은 죽은 자가 다시 살아나지 못할 것이라는 세상적 지식에 근거한 고정관념이며, 상대방이 누군지를 알고자 하지 않는 세상의 무관심을 의미할 것이다. 27절 **"이에 모세와 모든 선지자의 글로 시작하여 모든 성경에 쓴바 자기에 관한 것을 자세히 설명하시니라"**에서 예수께서 자세히 가르친다 함은 꽤 오랜 시간을 듣는데도 계속 누구신지를 깨닫지 못하는 인간의 한계성과 무지를 나타낸다 할 것이다. 그 후에 31절 **"그들의 눈이 밝아져 그인 줄 알아보더니 예수는 그들에게 보이지 아니하시는지라"**에서 깨닫는 순간 예수님은 이미 사라지셨다. 즉 그 때를 알지 못하고 방황하고 헤매면 자신에게 있는 복도 얻지 못하고 순식간에 잃어버린다는 것을 우리는 직시해야 한다. 지금도 내일도 우리는 주님의 사랑이 늘 함께 하는데도, 옆에 계신데도 알지 못한 채, 세상적 걱정과 근심에 쌓여 살고 있지 않는지, 내 가족과 나 자신의 행복만을 생각하며 살고는 있지 않은지 돌아보고 회개하여 주님의 뜻을 좇는 믿음의 형제자매들이 되어야 할 것이다.

주님, 이기적이고 나 자신만 생각하며 사는 무지하고 어리석은 자도 늘 사랑해 주심을 믿사오니, 어느 사안에 대해 무관심하고 사라져 멀리하는 주님의 지혜를 갖고 온전하고 선한 길로 가면서, 나보다 더 힘들고 어려운 이웃을 위해 사명을 다하는 주님의 도구로서 주님의 뜻 안에서 살아가도록 인도하여 주소서. 아멘.

찬양 : 부끄러운 나의 모습, 맛 잃은 소금

부활의 이유

요한복음 16장 7-11절 "**내가 너희에게 실상을 말하노니 내가 떠나
가는 것이 너희에게 유익이라 내가 떠나가지 아니하면 보혜사가 너희에
게로 오시지 아니할 것이요** 가면 내가 그를 너희에게로 보내리니 그가
와서 죄에 대하여, 의에 대하여, 심판에 대하여 세상을 책망하시리라 죄
에 대하여라 함은 저희가 나를 믿지 아니함이요 의에 대하여라 함은 내
가 아버지께로 가니 너희가 다시 나를 보지 못함이요 심판에 대하여라
함은 이 세상 임금이 심판을 받았음이니라"에서 예수께서 세상을 떠
나 보혜사 성령을 보낸다는 것은 예수님 대신에 성령님께서 우리
에게 신유·방언·말씀 등의 은사를 주시니, 우리가 예수님의 지체
가 되어 부분적 행위를 할 수 있으므로 더 큰 은혜를 입게 된다
는 의미일 것이다. 또한 성령께서 크게 세 가지를 전달하신다. 첫
째, 주님을 믿지 않는 것이 죄를 짓게 되는 근본이니, 예수를 모른
다거나 부인하게 되면 그것이 바로 죄인 것이다. 둘째, 의는 옳음
인데, 예수를 죽인 유대인과 제사장들은 불의를 저지르고 악을 행
한 것이니, 부활하신 예수를 다시 보지 못하게 한 것이 바로 의에
대한 책망이 되는 것이다. 셋째, 임금이 심판을 받았다 함은 빌라
도와 헤롯 같은 권세를 가진 이가 제사장들과 결탁하여 자기 뜻
인 아닌 양(자신은 죄가 없음을 포장하는 행위) 주님을 죽인 죄를 심판받
게 되는 것같이, 앞으로도 권세를 가진 또는 권력을 사랑하는 사
람들은 그 자체가 심판의 대상이 되니, 셋 중에 가장 악한 것이 될

수 있다. 따라서 죄를 지으면 회개해야 하고, 불의를 저지르면 정말 회개해야 하고, 권력을 가지면 백발백중 욕심으로 인한 죄가 생기니 진짜로 회개하지 않으면 성령께서 심판하신다는 것을 명심해야 할 것이다.

한편 구약 시대에 하나님께서 죽으신 자들을 살리신 기적이 나타난다. 에스겔 37장 3-5절 "**그가 내게 이르시되 인자야 이 뼈들이 능히 살 수 있겠느냐 하시기로 내가 대답하되 주 여호와여 주께서 아시나이다 또 내게 이르시되 너는 이 모든 뼈에게 대언하여 이르기를 너희 마른 뼈들아 여호와의 말씀을 들을지어다 주 여호와께서 이 뼈들에게 이같이 말씀하시기를 내가 생기를 너희에게 들어가게 하리니 너희가 살아나리라**"에서 에스겔은 환상에서 놀라운 기적을 경험하는데, 하나님의 질문에 겸손하게 대답하는 것이 인상적이다. 하나님은 직접 명령하기보다는 인자를 통해 대언하게 하시니, 하나님의 자녀를 사랑하시고 그를 통해 기적을 베푸시고 역사하시는 것을 알 수 있다.

7-10절 "**이에 내가 명령을 따라 대언하니 대언할 때에 소리가 나고 움직이며 이 뼈, 저 뼈가 들어맞아 뼈들이 서로 연결되더라 내가 또 보니 그 뼈에 힘줄이 생기고 살이 오르며 그 위에 가죽이 덮이나, 그 속에 생기는 없더라 또 내게 이르시되 인자야 너는 생기를 향하여 대언하라 생기에게 대언하여 이르기를 주 여호와께서 이같이 말씀하시기를 생기야 사방에서부터 와서 이 죽음을 당한 자에게 불어서 살아나게 하라 하셨다 하라 이에 내가 그 명령대로 대언했더니 생기가 그들에게 들어가매 그들이 곧 살아나서 일어나 서는데 극히 큰 군대더라**"의 말씀은 뼈들

이 연결되는 것은 분리되어 있지만 원래 하나의 몸통이 연결되어야만 살 수 있고 힘을 발휘할 수 있게 되는 것이니, 연약하고 힘없는 우리의 존재가 신앙 공동체 안에서 연계되어야만 주님의 뜻 가운데 살 수 있음을 의미할 것이다. 그래서 그 관계가 돈독해지면 힘줄과 살이 오르듯 열매를 맺게 되며 생기를 얻어서, 한 사람이 아닌 군대와 같은 힘을 발휘할 수 있게 되는 것이다.

한편 요나도 3일 만에 다시 물고기 배 속에서 살아나는 기적을 경험하게 되었다. 요나서 1장 7, 12, 17절 **"그들이 서로 이르되, 자 우리가 제비를 뽑아 이 재앙이 누구로 말미암아 우리에게 임했나 알아보자 하고 곧 제비를 뽑으니 제비가 요나에게 뽑힌지라 그가 대답하되 나를 들어 바다에 던지라 그리하면 바다가 너희를 위하여 잔잔하리라 너희가 이 큰 폭풍을 만난 것이 나 때문인 줄을 내가 아노라 하니라 여호와께서 이미 큰 물고기를 예비하사 요나를 삼키게 하셨으므로 요나가 밤낮 삼 일을 물고기 뱃속에 있으니라"**에서 제비를 뽑는다는 것은 인간의 생각이 아닌 것으로, 운명을 창조주 신께 맡기는 것이다. 그렇기에 재수가 없는 것이 아니라, 예정된 대로 가는 것일 수 있다. 폭풍으로 배가 뒤집힐 상황에서 요나는 하나님의 명을 감당할 수 없기에-왜냐하면 당시 니느웨는 앗수르의 수도로 이스라엘과 적대 관계에 있었다. 따라서 회개하라는 경고를 보내는 것은 죽음을 부르는 행위라 생각할 수밖에 없었기 때문이다-도망쳤지만, 결국 자기에게 닥친 죽음에 대해 책임지고 희생하려는 마음과 조물주의 위대하심과 전능하심으로 인해 자신을 바닷속으로 던지는 포기와 수긍의 마음이 혼재한 상태에 있지 않았을까 생각해 본다.

요나는 물고기 배 속에서 회개했고, 하나님은 그를 살려주시고 예수님의 부활과 같은 기적으로 쓰임 받는 영광을 허락하셨다. 회개의 중요성이 우리를 거듭나게 하고 영생하게 하는 중요한 시발점임을 명심해야 한다. 요나의 선포로 그 백성들이 금식하고 부정한 것을 먹지 않으며 베옷을 입고 회개함으로써 하나님께서 재앙을 내리지 않게 되어, 200년 후 멸망할 때를 연기할 수 있었다.

그런데 4장 2-3절 **"여호와께 기도하여 이르되 여호와여 내가 고국에 있을 때에 이러하겠다고 말씀하지 아니했나이까 그러므로 내가 빨리 다시스로 도망했사오니 주께서는 은혜로우시며 자비로우시며 노하기를 더디 하시며 인애가 크시사 뜻을 돌이켜 재앙을 내리지 아니하시는 하나님이신 줄을 내가 알았음이니이다 여호와여 원하건대 이제 내 생명을 거두어 가소서 사는 것보다 죽는 것이 내게 나음이니이다 하니"**에서 요나라는 사람의 성품과 신앙심의 정도를 알 수 있게 된다. "하나님을 믿고 경배하지만 왜 나에게 이런 고통스럽고 어려운 소명을 맡기셔서 일어나지 않을 재앙을 위해 수고하게 하시니, 차라리 살아서 선택받아 환난 가운데 사는 것보다 죽음을 택하겠다"는 요나의 고백은 이기적이며 염세적이기도 한 인간의 한 단면을 보여주고 있다. 그렇기에 우리가 영원히 의인이 될 수 없는 존재라는 것을 인정한 것이 아닌가 느껴진다. 아마도 요나는 조용히 살면서 하나님만 잘 믿고 살면 성도의 삶이 의롭다고 생각하는 선지자일 수도 있고, 자신이 하나님이 주신 소명을 감당하기에 부족하다고 생각하는 모세의 호렙 산의 모습과도 같을지 모른다. 그러나 결국 순종하여 역사의 한 페이지를 남기니, 미션을 받으면 절대 피할 수 없고 순교의 마음과 신앙의 힘으로 복종해야만 한다.

성경에는 죽은 자가 다시 살아나는 기적이 많이 기록되어 있다. 예수님 외에도 구약 시대 엘리야·엘리사 선지자와 신약 시대의 베드로·바울 사도도 이 같은 기적을 행했다. 예수님이 죽은 자를 살리신 사건으로는 다음과 같은 것이 있다.

1. 회당장 야이로의 딸

예수님이 회당장 야이로의 죽은 딸을 살리신 사건은 마태복음 9장 18-26절, 마가복음 5장 21-43절, 누가복음 8장 40-56절에 그 기록이 있다.

2. 나인 성 과부의 아들

예수님이 '나인'이란 성에 살고 있는 한 과부의 죽은 아들을 살리신 사건은 누가복음에만 기록되어 있다(눅 7:11-17). 예수님이 과부의 외아들을 살려주심으로써 주님의 무한한 자비와 긍휼을 보여주신다.

3. 나사로

예수님이 마르다와 마리아의 오빠인 나사로를 살려주신 사건은 요한복음에만 기록되어 있다(요 11:1-44). 나사로는 위의 두 경우와는 달리 죽은 지 나흘 만에 무덤에서 다시 살아났다. 이 사건은 예수님이 십자가에서 죽으신 후 사흘 만에 무덤에서 부활하실 것을 예표하는 것이다.

그 외에 성경에서 죽은 자가 다시 살아난 사건으로는,

(1) 엘리야 선지자가 사르밧 과부의 죽은 아들을 살림(왕상 17:17-24)

(2) 엘리사 선지자가 수넴 여인의 죽은 아들을 살림(왕하 4:32-37)

(3) 베드로가 다비다라고 하는 여인을 살림(행 9:36-42)

(4) 바울이 창에 걸터앉아 졸다가 떨어진 유두고라는 청년을 살림(행 20:9-12)

이런 죽음을 생명으로 변화시킨 예수님께서 십자가에 매달려 돌아가실 때, 과연 누가 옆에서 안타까워하고 괴로워 슬피 울었는가? 마태복음 27장 50-55절 **"예수께서 다시 크게 소리 지르시고 영혼이 떠나시니라 이에 성소 휘장이 위로부터 아래까지 찢어져 둘이 되고 땅이 진동하며 바위가 터지고 무덤들이 열리며 자던 성도의 몸이 많이 일어나되 예수의 부활 후에 그들이 무덤에서 나와서 거룩한 성에 들어가 많은 사람에게 보이니라 백부장과 및 함께 예수를 지키던 자들이 지진과 그 일어난 일들을 보고 심히 두려워하여 이르되 이는 진실로 하나님의 아들이었도다 하더라 예수를 섬기며 갈릴리에서부터 따라온 많은 여자가 거기 있어 멀리서 바라보고 있으니"**에서 보면 연약하고 힘없는 많은 여자가 있었다. 3년간 동고동락한 제자들은 찾아볼 수 없었다. 주님이 왕이 되실 때 권력을 잡으려던 야망이 무산되었기 때문이라기보다는, 베드로처럼 다른 이들이 알아보고 잡혀갈까봐 두려워 떨며 나타나지 못했을까?

우리는 이런 일이 우리 앞에 벌어진다면 과연 담대히 거기 있을 수 있겠는가? 그곳은 성자께서 이승을 떠나시면서 무덤이 열려 죽은 자들이 다시 일어나는 기적과 함께 땅이 진동하고 바위가 터지는 죽음을 느끼는 공포의 현장이기도 하다. 우리는 복을 받아 세상적으로 잘사는 곳에 있기 위해 주를 섬기지는 않는지 되돌아보고 싶다. 나의 자랑과 명예를 높이기 위해 주님의 일을 포장하고 있지는 않은지 회개하고 싶다. 믿음의 성도는 주님이 계신 곳이라면 어디든지 가 있어야 하는 것인바, 주님은 세상에서 소외되고 버림받으며 상한 마음을 갖고 불쌍하게 살아가는 갇힌 자들과 함께 하시니 그곳에 우리의 과거와 현재, 미래 모두가 있어야 할 것이 아닌가? 나 자신에게도 반문해본다.

누가복음 23장 39-43절 "달린 행악자 중 하나는 비방하여 이르되 네가 그리스도가 아니냐 너와 우리를 구원하라 하되 **하나는 그 사람을 꾸짖어 이르되 네가 동일한 정죄를 받고서도 하나님을 두려워하지 아니하느냐** 우리는 우리가 행한 일에 상당한 보응을 받는 것이니 이에 당연하거니와 이 사람이 행한 것은 옳지 않은 것이 없느니라 하고 이르되 예수여 당신의 나라에 임하실 때에 나를 기억하소서 하니 예수께서 이르시되 내가 진실로 네게 이르노니 **오늘 네가 나와 함께 낙원에 있으리라 하시니라**"에 나오는 강도 두 사람에 대한 이야기는 4복음서에서 모두 나오나, 누가복음에서만 상세하게 상황을 설명하고 있다(마 27:38, 막 15:27, 요 19:18). 그런데 이 두 강도는 처음에 둘 다 예수님을 대제사장들, 서기관들, 장로들처럼 욕하고 조롱했다(마 27:44, 막 15:32). 그러나 시간이 흐르고 주님의 말씀과 행동에서 한 강도는 자신의 잘못을 깨닫게 되고 회개하며 자신의 죄를 용서하신 주님의 은혜를 보답할 길이 없어 울었을 것으로 추측되는바, 세상에서 행악한 사람이라도 죽기 전에 회개하면 주님께서 모든 죄를 용서해주신다는 십자가의 놀라운 은혜를 알게 하신다. 십자가에서 예수께서 하신 일곱 말씀(가상칠언)을 살펴보면, 아래와 같다.

1. 엘리 엘리 라마 사박다니 : 나의 하나님, 어찌하여 나를 버리시나이까(마 27:46, 막 15:34)
2. 저들을 사하여 주옵소서(눅 23:34)
3. 오늘 네가 나와 함께 낙원에 있으리라
4. 아버지 내 영혼을 아버지 손에 부탁하나이다(눅 23:46)
5. 여자여 보소서 아들이니이다, 보라 네 어머니라(요 19:26-27)
6. 내가 목마르다(요 19:28)
7. 다 이루었다(요 19:30)

2천 년 전 부활하여 천국에 가신 예수님이 재림을 약속하신 말씀이 요한복음 14장 17-20절 "저는 진리의 영이라 세상은 능히 저를 받지 못하나니 이는 저를 보지도 못하고 알지도 못함이라 그러나 너희는 저를 아나니 저는 너희와 함께 거하심이요 또 너희 속에 계시겠음이라 내가 너희를 고아와 같이 버려두지 아니하고 너희에게로 오리라 조금 있으면 세상은 다시 나를 보지 못할 터이로되 너희는 나를 보리니 이는 내가 살았고 너희도 살겠음이라 그날에는 내가 아버지 안에, 너희가 내 안에, 내가 너희 안에 있는 것을 너희가 알리라"에 나온다.

세상은 성령을 보지도 알지도 못하기에 세상인 것이니, 모든 세상이 천국으로 변하기를 소망하지만, 악이 있어 선이 더 빛이 나는 것이다. 선과 악은 창조 이후 항상 공존해 왔기에, 그것을 완전히 소멸하려 하지 말고 그 속에서 선을 지켜 천국 생활이 되도록하는 것이 신자의 삶이라 생각한다. 우리는 주님의 부르심을 받들어 순종했기에 주님과 함께 사는 것이니, 주께서 우리를 보살피시고 다시 오신다는 약속을 하셨다. 이것은 재림의 약속이니 그날을위해 신부의 마음으로 등불을 준비해야 하나, 그날만을 점찍고 기다리며 사는 것이 아니다. 항상 주님이 우리와 같이 계신다는 마음으로 살아가다 보면, 재림의 날에 주님을 직접 보게 되리라 믿는다. 결국 우리가 주님의 뜻대로 살아간다면 이곳이 천국이요 이곳에서 주님을 만날 수 있다. 그러므로 매일, 매 순간이 주님의 재림의 날이 되도록 충성하며 믿음의 생활을 지속해야 할 것이다.

주님, 지금까지 세상적으로 살면서 주님과 동행하기를 거부하고 피해왔던 이 못난 죄인을 용서하시고, 부활하여 가시면서 우리에게 분신이신 보혜사 성령을 보내셨는데도 악한 행동으로 죄를 짓고 은사를 거부하는 자들에게, 심판보다는 사랑의 검을 내려 주셔서 회개하고 돌아와 공동체 안에서 서로 의지하고 긴밀히 연합하여 살아가게 하소서. 아멘.

찬양 : 거기 너 있었는가, 주님 다시 오실 때까지

복음 전파의 사명

갈라디아서 1장 7-10절 "**다른 복음은 없나니 다만 어떤 사람들이** 너희를 교란하여 그리스도의 복음을 변하게 하려 함이라 그러나 우리나 혹은 하늘로부터 온 천사라도 우리가 너희에게 전한 복음 외에 **다른 복음을 전하면 저주를 받을지어다** 우리가 전에 말했거니와 내가 지금 다시 말하노니 만일 누구든지 너희가 받은 것 외에 **다른 복음을 전하면 저주를 받을지어다** 이제 내가 사람들에게 좋게 하랴 하나님께 좋게 하랴 사람들에게 기쁨을 구하랴 **내가 지금까지 사람들의 기쁨을 구했다면 그리스도의 종이 아니니라**"에서는 복음은 하나인데, 그 복음을 해석하고 전파함에 있어 자기 의를 나타내려는 욕심에 의해 복음 자체는 둘째가 되어 버린 현실 속에서 장로교파 안에 300여 개의 교단이 존재한다고 한다. 바울이 세례를 받은 것을 기준으로 '파벌을 만들지 말라'고 2천 년 전에 경고한 것이 아직도 재발되고 있는 것이다. 고린도전서 1장 12-15절 "내가 이것을 말하거니와 너희가 각각 이르되 나는 바울에게, 나는 아볼로에게, 나는 게바에게, 나는 그리스도에게 속한 자라 한다는 것이니 **그리스도께서 어찌 나뉘었느냐** 바울이 너희를 위하여 십자가에 못 박혔으며 바울의 이름으로 너희가 세례를 받았느냐 나는 그리스보와 가이오 외에는 너희 중 아무에게도 내가 세례를 베풀지 아니한 것을 감사하노니 이는 **아무도 나의 이름으로 세례를 받았다 말하지 못하게 하려** 함이라"에서 알 수 있듯이 인간의 나약함과 간사함이 자기 생각과 같은 사람들을 모아 세력화하고 힘을 키워 목소리를 높이고자 하는 본성이 있지만, 이것은 인간의 욕심일 뿐 주님의 뜻이 아니다. 진정한 그리스도인은 분파를 만들거나 자신의 의를 드러내기 위해 권력을 좇지 않는다. 의인은 정치하기를 원하지 않는 이유가 여기에 있는 것이다. 성경의 말씀을 다르게 해석하고 다르게 적용할 수는 있지만, 성령을 훼방하고 헌금을 재산 축적의 수단으로 사용하거나 세상적 성공을 위해 부정·부패·비리·타락의 방법으로 교회 공동체를 이용하는 것은 저주를 받고 사망에 이르며 지옥 불에 떨어지는 결과를 초래하게 될 것이다. 복음의 기준은 하나님의 관점에서 생각하고 그분을 기쁘시게 하도록 경배·찬양하는 것이지, 인간의 성공과 쾌락을 위한 것이 아니다. 그러므로 양심에 꺼리는 행동을 하게 되면 자연히 가책을 느끼게 되는 것이 본성이리라.

11-12절 **"형제들아 내가 너희에게 알게 하노니 내가 전한 복음은 사람의 뜻을 따라 된 것이 아니니라 이는 내가 사람에게서 받은 것도 아니요 배운 것도 아니요 오직 예수 그리스도의 계시로 말미암은 것이라"**의 말씀을 통해 지금 잘못된 것을 알게 되고 올바르게 신앙을 지키려면, 과거의 인간의 의리(혈연·지연·학연 등)나 관계보다는 주님과의 관계를 새롭게 정립하는 것이 신도의 기본적 책무이다. 주님께서 우리에게 명령하시고 원하시는 음성을 기도를 통해 들어야 하는바, 기도는 나의 소망을 알리고 받고자 함이 아니요, 주님의 뜻을 들으려는 끊임없는 노력이며 갈구하는 행위임을 잊지 말아야 할 것이다.

바울은 디모데후서 4장 2-5절 **"너는 말씀을 전파하라 때를 얻든지**

못 얻든지 항상 힘쓰라 **범사에 오래 참음과 가르침으로 경책하며 경계하며 권하라** 때가 이르리니 사람이 바른 교훈을 받지 아니하며 귀가 가려워서 자기의 사욕을 따를 스승을 많이 두고 또 그 귀를 진리에서 돌이켜 허탄한 이야기를 따르리라 그러나 너는 모든 일에 신중하여 고난을 받으며 **전도자의 일을 하며 네 직무를 다하라"**에서는 말씀을 전파하는 전도자의 역할을 강조하고 있다. 보통 사람들이 일반적으로 좋은 말보다는 비성경적인 나쁜 말에 더 귀 기울여 관심을 갖고 세상적 유혹에 쉽게 빠져들게 된다. 여기에 자기 욕심까지 더해지면, 그것을 합리화시켜줄 사람에 의존하거나 학연·지연 등 추종 세력을 만들려 한다. 그러므로 믿는 자는 이런 사람들에게 말씀을 전할 의무가 있다. '때를 얻든, 못 얻든지'라는 말은 복음 전파에 의해 회개를 통한 구원의 길로 이끌어 내든, 아니면 잘 안 되든, 상관없이 계속 늘 힘써야 한다는 것이다. 말을 듣지 않고 반대 방향으로 가려는 사람을 가르치는 일은 매우 힘든 고난의 길이다. 그러므로 참고 또 참으며 그들을 위한 중보기도를 해야 할 것이다. 사람을 바꾸는 데에는 사람의 힘이 아닌 하나님의 전쟁이 필요하기 때문이다. 전도자의 역할은 가정에서부터 출발하여 이웃에 이르고, 또 보지 못해도 편지, 이메일 등을 통해서도 해야만 하는 의무이니, 이 책무를 하지 않으면 신자라 할 수 없을 것이다.

바울이 이방 세계로 복음 전파를 하게 된 이유가 사도행전 13장 46-52절 **"바울과 바나바가 담대히 말하여 가로되 하나님의 말씀을 마땅히 먼저 너희에게 전할 것이로되 너희가 버리고 영생 얻음에 합당치 않은 자로 자처하기로 우리가 이방인에게로 향하노라 주께서 이같이 우**

리를 명하시되 **내가 너를 이방의 빛을 삼아 너로 땅끝까지 구원하게 하리라** 하셨느니라 하니 이방인들이 듣고 기뻐하여 하나님의 말씀을 찬송하며 영생을 주시기로 작정된 자는 다 믿더라 주의 말씀이 그 지방에 두루 퍼지니라 이에 유대인들이 경건한 귀부인들과 그 성내 유력자들을 선동하여 바울과 바나바를 핍박케 하여 그 지경에서 쫓아내니 두 사람이 저희를 향하여 발에 티끌을 떨어버리고 이고니온으로 가거늘 제자들은 기쁨과 성령이 충만하니라"에 나타난다. 이 말씀은 안디옥 교회에서 성령에 의해 선출된 바나바와 바울의 전도 과정에서 나오는 장면이다. 하나님으로부터 선택받았던 유대인에게 먼저 성령 받고 영생하기를 권유했지만, 오히려 그들이 믿는 자를 박해하니 이방인에게로 복음을 전파하겠다는 내용이다. 우리는 가족, 친구 등 가까운 사람들에게 먼저 하나님의 말씀을 전하지만, 대부분 자신의 과거를 아는 이 사람들은 "네가 무엇이건대 복음을 논하느냐"며 인정하지 않는다. 하지만 병들고 힘들게 사는 어려운 이웃은 그것을 받아들이는데, 이는 유대인에게서 전도의 방향을 이방인에게로 돌리는 것과 같은 맥락이다. 유대인들이 귀부인과 세력 있는 사람들을 동원하여 전도자들을 핍박하니 뒤도 돌아보지 않고 그곳을 떠나 다른 미지의 세계로 성령 충만하게 이동하는 것이다. 즉 우리가 믿지 않는 사람에게 끝까지 쫓아가서 믿으라고 강요할 게 아니라 온유하게 권유하지만, 받아들이지 않는다면 과감한 절교의 과정이 있어야 하고, 그 이후 하나님의 전쟁을 위해 중보기도해야 할 것이다. 흔들리지 말고 성령 충만함으로 살아가면 마음의 평안을 얻고 지혜를 받아, 이웃과 형제가 되는 길이 열리며 사랑의 복음 전파에 충성할 수 있다고 믿는다.

그리고 로마서 1장 14-17절 "헬라인이나 야만인이나 지혜 있는 자나 어리석은 자에게 **다 내가 빚진 자라** 그러므로 나는 할 수 있는 대로 로마에 있는 너희에게도 **복음 전하기를 원하노라** 내가 복음을 부끄러워하지 아니하노니 이 복음은 모든 믿는 자에게 구원을 주시는 하나님의 능력이 됨이라 먼저는 유대인에게요 그리고 헬라인에게로다 복음에는 하나님의 의가 나타나서 믿음으로 믿음에 이르게 하나니 기록된바 **오직 의인은 믿음으로 말미암아 살리라** 함과 같으니라"에서 바울은 모든 이에게 자신이 빚을 졌고 그 빚을 갚기 위해 복음 전파에 힘쓰겠다고 고백하고 있다. 그 당시 복음 전파는 자기 목숨을 걸고 온갖 조롱과 비난을 감수하는 일이었으니 얼마나 힘든 길을 가려 했던가. 그러나 복음이 하나님의 능력에서 비롯된 것이니 힘들고 어려움보다는 기쁨과 평안이 더 크다는 것을 바울은 실천을 통해 알고 있었을 것이다. 하나님께로부터 거저 받은 믿음과 복음을 현실적으로 돈을 빌어다 쓰지도 않은 불특정 다수에게 빚진 마음으로 자신을 희생하며 주님의 뜻을 세계만방에 전하려는 것에 실로 경의를 표할 수밖에 없다. 우리 성도들도 이런 마음으로 복음 전파에 힘쓰며 나보다 이웃을 먼저 생각하고 아끼는 자세로 살아갈 때, 주님께서 기뻐하시고 은혜를 내려 주실 것이다.

구약과 신약을 통해 하나님께서 우리에게 주신 언약에는 옛 언약인 율법과 새 언약인 복음이 있다. 이 두 가지를 비교하여, 율법의 완성이 복음 전파이며 그리스도의 사랑의 가르침인 것을 히브리서 7장과 9장에서 살펴보고자 한다.

	율 법	복 음
수행자	육체적 혈통에 의한 제사장(7:16)	악과 더러움이 없는 그리스도(7:26)
장소	하늘 성소의 모형과 그림자인 장막(9:24)	사람의 손으로 짓지 아니한 완전한 하늘의 성소(9:11, 24)
제물	염소와 송아지의 피, 대리적 피(9:12, 13)	그리스도 자신의 피(9:12)
횟수	수많은 제사(9:25)	단 한 번의 제사(9:26, 28)
결과	불완전한 정결 의식이므로 반복이 요청됨(9:13)	완전한 구속의 성취(9:26)

7:16 그는 육체에 상관된 계명의 법을 좇지 아니하고 오직 무궁한 생명의 능력을 좇아 된 것이니

7:26 이러한 대제사장은 우리에게 합당하니 거룩하고 악이 없고 더러움이 없고 죄인에게서 떠나 계시고 하늘보다 높이 되신 자라

9:24 그리스도께서는 참 것의 그림자인 손으로 만든 성소에 들어가지 아니하시고 오직 참 하늘에 들어가사 이제 우리를 위하여 하나님 앞에 나타나시고

9:11 그리스도께서 장래 좋은 일의 대제사장으로 오사 손으로 짓지 아니한 곧 이 창조에 속하지 아니한 더 크고 온전한 장막으로 말미암아

9:12-13 염소와 송아지의 피로 아니하고 오직 자기 피로 영원한 속죄를 이루사 단번에 성소에 들어가셨느니라 염소와 황소의 피와 및 암송아지의 재로 부정한 자에게 뿌려 그 육체를 정결케 하여 거룩케 하거든

9:25 대제사장이 해마다 다른 것의 피로써 성소에 들어가는 것같이 자주 자기를 드리려고 아니하실지니

9:26 그리하면 그가 세상을 창조할 때부터 자주 고난을 받았어야 할 것이로되 이제 자기를 단번에 제사로 드려 죄를 없게 하시려고 세상 끝에 나타나셨느니라

9:28 이와 같이 그리스도도 많은 사람의 죄를 담당하시려고 단번에 드리신 바 되셨고 구원에 이르게 하기 위하여 죄와 상관없이 자기를 바라는 자들에게 두 번째 나타나시리라

주님, 주님을 믿는다 하면서 복음 전파의 사명을 하지 않고 6일 동안 세상적 유혹에 빠져 살다가 1일만 교회에 나가지 않도록 인도하시고, 우리가 주님의 뜻을 전파하기 위해 "내가 한다"라는 마음을 없애 주시고, "나는 온유하게 권면할 뿐이다"라는 생각으로 나보다 주님을 먼저 앞세우게 하시고, 우리를 핍박하고 조롱하는 사람들을 비판하지 말고 중보기도하면서 그들을 긍휼히 여겨 사랑하는 마음으로 대접하며, 율법을 완성하러 오신 그리스도의 말씀을 전파하는 것이 하나님이 우리에게 주신 새 언약이며 우리의 사명임을 명심하고 진정한 크리스천으로 거듭나서 살아가게 하소서. 아멘.

찬양: 부름 받아 나선 이 몸

신유의 은사

사도행전 16장 16-18절 "우리가 기도하는 곳에 가다가 점치는 귀신 들린 여종 하나를 만나니 점으로 그 주인들에게 큰 이익을 주는 자라 그가 바울과 우리를 따라와 소리 질러 이르되 이 사람들은 지극히 높은 하나님의 종으로서 구원의 길을 너희에게 전하는 자라 하며 이같이 여러 날을 하는지라 바울이 심히 괴로워하여 돌이켜 그 귀신에게 이르되 **예수 그리스도의 이름으로 내가 네게 명하노니 그에게서 나오라** 하니 **귀신이 즉시 나오니라**"의 구절은 빌립보에서 일어난 일이다. 빌립보는 알렉산더 대왕의 아버지인 빌립이 건설하고 자기 이름을 따서 빌립보라 불렀던 도시로서, 지리적으로는 간기데스(Gangites) 강가에 있기 때문에 땅이 비옥했고, 부근에는 판게우스(Pangaeus) 산이 있어 금광으로 유명했다. 바울이 점치는 귀신에 들려 큰돈을 벌어주는 여종을 만났는데, 그녀가 며칠을 쫓아다니며 주의 종으로서 바울을 칭해서, 그 병을 치유하고자 예수 그리스도의 이름으로 명령하여 낫게 한 장면이다.

말라기 4장 1-3절 "만군의 여호와가 이르노라 보라 **용광로 불 같은 날이 이르리니** 교만한 자와 악을 행하는 자는 다 지푸라기 같을 것이라 그 이르는 날에 그들을 살라 그 뿌리와 가지를 남기지 아니할 것이로되 **내 이름을 경외하는 너희에게는 공의로운 해가 떠올라서 치료하는 광선을 비추리니** 너희가 나가서 외양간에서 나온 송아지같이 뛰리라 또 너희가 악인을 밟을 것이니 그들이 내가 정한 날에 너희 발바닥 밑에

재와 같으리라 만군의 여호와의 말이니라" 여기서 용광로 불 같은 날
은 악인을 심판하시는 여호와의 날이기에 씨도 남기지 않게 멸족
하시는 반면, 단순한 신자가 아니라 '이신득의(以信得義, justification by
faith)'한 성도에게 공의로써 판단하시니 몸·맘·영 속에 깃든 병을 고
치시고 새사람으로 치유하시기에 주님과 함께 영생함을 얻을 것이
다. 결국 악인은 우리가 심판하는 것이 아니라 주님께서 직접 하시
니, 그날에 그들이 우리의 발아래에서 슬피 울며 스올로 내려가게
되리라.

또한 마가복음 5장 7절을 보면 귀신들린 남자 이야기가 있다. "
**지극히 높으신 하나님의 아들 예수여 나와 당신과 무슨 상관이 있나
이까 원컨대 하나님 앞에 맹세하고 나를 괴롭게 마옵소서**" 하며 귀신
이 예수님에게 달려와 내뱉은 말이다. 두 경우 모두 귀신이 우리
들보다 더 하나님의 사람을 즉시 잘 알아본다는 것이다. 귀신들
은 인자들을 보면 시인하고 인정하는 속성이 있다는 것을 짐작할
수 있다.

사도행전 3장 6절 "**나사렛 예수의 이름으로 명하노니 일어나 걸으
라**", 4장 10절 "**나사렛 예수 그리스도의 이름으로 이 사람이 건강하게
되어 너희 앞에 섰느니라**"와 누가복음 10장 17절 "**주의 이름으로 귀
신들도 우리에게 항복하더이다**", 빌립보서 2장 10절 "**하늘과 땅에 있
는 모든 것들이 예수 이름 앞에 무릎을 꿇는다**"고 표현되어 있다. 즉
병을 고치고 새사람으로 구원받게 하기 위해서는 반드시 '주 예수
의 이름'을 사용해야 한다. 요한복음 14장 13-14절 "**너희가 내 이름
으로 무엇을 구하든지 내가 시행하리니 이는 아버지로 하여금 아들을**

인하여 영광을 얻으시게 하려 함이라. 내 이름으로 무엇이든지 내게 구하면 내가 시행하리라"의 말씀도 이를 이야기하고 있다.

4년 전 운동을 하다 다친 어깨 통증이 점점 심해져서, 결국 왼팔을 거의 들거나 뒤로 젖히지 못하는 상태까지 발전해서 어떤 운동도 할 수 없는 상태에 이른 적이 있었다. 한 달 이상 수영이나 간단한 체조로 낫기를 시도했지만 점점 더 악화될 뿐이었다. 기도했다. "나사렛 주 예수의 이름으로 명하노니 어깨를 아프고 쑤시게 하여 움직이지 못하게 하는 병마, 마귀, 귀신, 사탄, 악마야, 지금부터 영원까지 나의 몸에서 떠나 없어지고 사라질 것을 명하고 외치고 부르짖고 선포하노라. 주님, 신유의 은사를 내려 주소서" 그런 필자에게 아내는 병원에 갈 것을 권유했다. 하는 수 없이 싱가포르 내 큰 병원에서 현지 전문의의 진단을 받았는데, 회전근개 파열로 빨리 수술하고 1년간 물리치료를 받아야 한다고 했다. 수술 비용도 7천 달러(6백만 원 정도)나 되는데도 1년간 팔을 제대로 쓰지 못한다는 말에 신뢰가 가지 않아 밖으로 나가려 했다. 그러자 의사는 "오래 두면 더 악화되어서 물리치료 기간만 늘고 비용도 많아질 것"이라는 협박성(?) 말을 남겼다. 다시 기도에 매달렸다.

눈물로 호소하며 간구하는데 동창회에서 만난 대학 후배가 떠올라 그를 찾아갔다. 그는 소염제와 진통제를 처방하면서 스트레칭 법을 소개해주었다. 필자는 매일 6회 이상 스트레칭을 하면서 열심히 예배드리고 주님의 은총을 기도했다. 처음에는 너무 아프고 힘든 스트레칭이 시간이 지남에 따라 익숙해졌고, 한 달여 지난 때쯤 나도 모르게 팔이 올라가고 뒤로 젖혀지면서 통증이 사라졌음을 알게 되었다. 증상이 나타난 지 3개월 넘게 고생하다가 병원에 갔고 한 달 만에 증상이 호전을 보이다가 2달 뒤 완쾌되었다. 이때는 큐티를 매일 3번씩 하며 주님과의 친밀한 관계를 갖던 시기였다. 지금도 나는 병 고침이 주님의 은혜라 생각한다. 전혀 생각하지 못한 후배를 생각나게 하셨고, 그를 통해 배운 스트레칭도 주님이 주시는 은총인 것이다. 왜냐면 그는 나의 상태가 이런 스트레칭법으로 낫는 경우는 성공률이 매우 낮지만, 수술하기 전에 일단 시도하자는 정도였기 때문이다. 4년이 지났지만 어깨와 팔을 쓰는 데 전혀 지장이 없고, 모든 운동을 할 수 있다. 이는 주님께서 고치신 병은 절대 재발하지 않는다는 것을 의미한다. "할렐루야, 감사합니다"

이 시간에 질병으로 고생하는 모든 이들의 몸·맘·영 속에 있는 마귀·귀신·사탄·악마야, 나사렛 주 예수의 이름으로 그곳에서 영원히 사라지고 없어지고 떠나갈 것을 명하고 외치고 부르짖고 선포하노라. 아멘.

찬양 : 주여 나의 병든 몸을, 감사함으로

예수님의 탄생 예언

구약 시대에 세 명의 선지자가 예수님의 탄생을 미리 예언한 것을 살펴보면, 제일 먼저 이사야로 이사야 53장 2-5절 **"그는 주 앞에서 자라나기를 연한 순 같고 마른 땅에서 나온 뿌리 같아서 고운 모양도 없고 풍채도 없은즉 우리가 보기에 흠모할 만한 아름다운 것이 없도다 그는 멸시를 받아 사람들에게 버림받았으며 간고를 많이 겪었으며 질고를 아는 자라 마치 사람들이 그에게서 얼굴을 가리는 것같이 멸시를 당했고 우리도 그를 귀히 여기지 아니했도다 그는 실로 우리의 질고를 지고 우리의 슬픔을 당했거늘 우리는 생각하기를 그는 징벌을 받아 하나님께 맞으며 고난을 당한다 했노라 그가 찔림은 우리의 허물 때문이요 그가 상함은 우리의 죄악 때문이라 그가 징계를 받으므로 우리는 평화를 누리고 그가 채찍에 맞으므로 우리는 나음을 받았도다"**, 그리고 7장 14절 **"그러므로 주께서 친히 징조를 너희에게 주실 것이라 보라 처녀가 잉태하여 아들을 낳을 것이요 그의 이름을 임마누엘이라 하리라"**에 언급된다.

이사야는 예수님 나시기 720년 전 사람으로서 40장 이후부터 여러 번 예수님을 '고통받는 종'으로 표현하고 있다. 예수님도 말씀하실 때 이사야 선지자의 말을 인용하셨고 신약성서 전체에서 이사야서가 언급되는 횟수가 무려 56번이라고 한다. 신약과 이사야서의 관계는 매우 밀접하므로 이 둘을 연결하여 정독하면 좋을 것이다. 위의 구절을 통해 예수님은 보통 사람들보다 더 평범하고 특별한 외모가 없을 정도로 소박하며 순수한 어린 시절을 보냈다. 하나님을 믿는다고 하는 당시 신앙인들에게 멸시를 당하고 고초를 받으셨다. 이처럼 교회 다닌다고 모두 믿는 자라 할 수 없을 것이다. 이 모든 찔림과 상함이 죄 많은 우리를 위하여 예비하신 것이다. 그 희생의 대가로 우리의 죄가 사해지고 허물이 벗겨졌음을 깊이 인식하고, 지금이라도 가신 그 길을 따라 순종하며 살아야 할 것이다.

7-9절 "그가 곤욕을 당하여 괴로울 때에도 그의 입을 열지 아니했음이여 마치 도수장으로 끌려가는 어린 양과 털 깎는 자 앞에서 잠잠한 양같이 그의 입을 열지 아니했도다 그는 곤욕과 심문을 당하고 끌려갔으나 그 세대 중에 누가 생각하기를 그가 살아 있는 자들의 땅에서 끊어짐은 마땅히 형벌 받을 내 백성의 허물 때문이라 했으리요 그는 강포를 행하지 아니했고 그의 입에 거짓이 없었으나 그의 무덤이 악인들과 함께 있었으며 그가 죽은 후에 부자와 함께 있었도다"에서 더 상세한 고난이 표현되고 있다. 사망 후 지옥에서 3일 동안 악인과 부자와 함께 계셨는데, 이만큼 부자는 절대 천국에 가지 못함을 이사야 선지자도 예수님 말씀처럼 강조하고 있는 것이다. 결론적으로, 주님을 위한 이 세상의 고난은 천국으로 이어지는 다리가 될 것이다. 그러므로 세상 욕심을 버리고 주님을 향해 기쁘고 감사한 마음으로 살아야 할 것이다.

두 번째 선지자는 스가랴로 스가랴 13장 7-9절 "만군의 여호와가 말하노라 칼아 깨어서 **내 목자, 내 짝 된 자를 치라 목자를 치면 양이 흩어지려니와** 작은 자들 위에는 내가 내 손을 드리우리라 여호와가 말하노라 이 온 땅에서 삼분의 이는 멸망하고 삼분의 일은 거기 남으리니 내가 그 삼분의 일을 불 가운데에 던져 은같이 연단하며 금같이 시험할 것이라 그들이 내 이름을 부르리니 내가 들을 것이며 나는 말하기를 이는 내 백성이라 할 것이요 그들은 말하기를 여호와는 내 하나님이시라 하리라"는 말씀을 보면 스가랴 선지자를 통해 500년 후에 나타나실 예수 그리스도에 대한 예언을 하시면서, 내 짝 된 자로 표현했다. 또 목자를 치면 그 양이 흩어진다는 말씀은 예수님이 마태복음 26장 31절 "그때에 예수께서 제자들에게 이르시되 오늘 밤에 너희가 다 나를 버리리라 기록된바 내가 목자를 치리니 양의 떼가 흩어지리라 했느니라"에서 인용하셨다. 삼분의 일은 명확한 숫자가 아니라 일부를 의미하며, 진정으로 하나님을 경외하는 백성들이니 정금같이 사용되고 살아남기 위해서 환난과 시험이 있을 것이고 그것을 이겨내고 통과하는 자만 들어가는 좁은 길이며 좁은 문인 것이다. 스가랴 선지자는 스룹바벨이 인솔하는 1차 포로귀환 때(B.C. 537년) 예루살렘으로 돌아왔고, 그 후 17년이란 세월이 흐른 뒤 본격적으로 선지자 사역을 시작했다. 나귀 새끼를 타고 오시는 메시야(9:9), 은 삼십에 팔리실 메시야(11:12), 선한 목자이신 메시야(11:7), 메시야의 십자가 죽음(12:10), 구원자 메시야(13:9) 등 예수님에 대한 예언을 여러 번 했다. 또한 여호와가 결정하시는 여호와의 날이자 심판의 날에 대한 현상도 예언하는바, 첫째는 가족(친구·지인) 간의 정의의 심판으로서 13장 3절 "사람이 아직도 예언할 것 같으면 그 낳은 부모가 그에게 이르기를 네가 여호와의 이름을 빙자하여 거짓말을 하니 살지 못하리라 하고 낳은 부모가 그가 예언할 때에 칼로 그를

찌르리라"에서 가장 가까운 사람끼리도 선과 악이 구별되어야 하며, 가족이라도 악인이고 죄를 거듭 짓고 회개하고 돌아오지 않는다면 칼로 찌르듯이 관계를 단절해야 한다는 것을 말한다. 둘째는 4-6절 **"그날에 선지자들이 예언할 때에 그 환상을 각기 부끄러워할 것이며 사람을 속이려고 털옷도 입지 아니할 것이며 말하기를 나는 선지자가 아니요 나는 농부라** 내가 어려서부터 사람의 종이 되었노라 할 것이요 어떤 사람이 그에게 묻기를 네 두 팔 사이에 있는 상처는 어찌 됨이냐 하면 대답하기를 이는 나의 친구의 집에서 받은 상처라 하리라"에서 당시 선지자들이 입던 털옷을 벗어버려 위선과 가장이 노출되고 있다. 또 "나는 가난하고 단순한 농부"라고 거짓말하며, 선지자인 척하기 위해 몸에 상처 낸 것을 친구 집에서 생긴 것이라고 말한다. 끝까지 죄 없다고 위증하는 선지자들의 비겁함과 치사함을 보여주고 있다.

세 번째 선지자는 말라기로 말라기 3장 13-15절 **"여호와가 이르노라 너희가 완악한 말로 나를 대적하고도 이르기를 우리가 무슨 말로 주를 대적했나이까 하는도다 이는 너희가 말하기를 하나님을 섬기는 것이 헛되니 만군의 여호와 앞에서 그 명령을 지키며 슬프게 행하는 것이 무엇이 유익하리요 지금 우리는 교만한 자가 복되다 하며 악을 행하는 자가 번성하며 하나님을 시험하는 자가 화를 면한다 하노라 함이라"**에서 말라기 선지자를 통해 하나님은 우리 인간이 내면에 갖고 있는 악한 생각에 대해 구체적으로 알고 계시고, 그것을 표현하고 기록하여 후세에 남기도록 하셨다. 그런 하나님의 처사 앞에서 다시 한 번 피조물의 한계와 죄악에 고개가 숙여지고, 나 자신의 세속 됨을 어찌 이겨내야 할지 한숨이 나온다. 바벨론에서 본토로 귀환한 이스라엘 백성들은 많은 어려움 가운데서도 성전을 건축하고 신앙 회복을 위해 노력했다. 하지만 학개나 스가랴 선지자의 활동이 있은 지 거의 100여 년이 지났음에도 메시야는 오지 않고 삶은 나아질 기미를 보이지 않았다. 따라서 신앙은 다시 형식주의로 흐르고, 영적 순결은 점점 오염돼갔다. 그럴 때 여호와께서 말라기 선지자를 부르셔서 유다 백성에게 첫 신앙을 회복하고 메시야 왕국을 대망하도록 위로하고 권면하셨다. 하지만 2장 17절 **"너희가 말로 여호와를 괴롭게 하고도 이르기를 우리가 어떻게 여호와를 괴롭혀드렸나이까 하는도다 이는 너희가 말하기를 모든 악을 행하는 자는 여호와의 눈에 좋게 보이며 그에게 기쁨이 된다 하며 또 말하기를 정의의 하나님이 어디 계시냐 함이니라"**에서도 인간의 뻔뻔함과 무지함에도 만용을 부리는 말과 행동이 보임으로써 하나님께서 드디어 세상에 주님의 사자-예수 그리스도-를 보내시겠다는 예언을 하신다.

　3장 1-2절 **"만군의 여호와가 이르노라 보라 내가 내 사자를 보내리니 그가 내 앞에서 길을 준비할 것이요 또 너희가 구하는 바 주가 갑자기 그의 성전에 임하시리니 곧 너희가 사모하는 바 언약의 사자가 임하실 것이라 그가 임하시는 날을 누가 능히 당하며 그가 나타나는 때에 누가 능히 서리요 그는 금을 연단하는 자의 불과 표백하는 자의 잿물과 같을 것이라"**에서 언약의 사자를 보내시고, 그가 연약한 것을 강하게 단단하게 하는 불처럼, 더럽고 추한 것을 깨끗하고 순결하게 하는 잿물처럼, 세상의 모든 죄악을 태우시고 치유하시는 구원의 역사를 베푸실 것을 400여 년 전에 예고하고 계신다.

성탄의 의미를 살펴보기 위해 누가복음 2장 8-11절 **"그 지역에 목자들이 밤에 밖에서 자기 양떼를 지키더니 주의 사자가 곁에 서고 주의 영광이 그들을 두루 비추매 크게 무서워하는지라 천사가 이르되 무서워하지 말라 보라 내가 온 백성에게 미칠 큰 기쁨의 좋은 소식을 너희에게 전하노라 오늘 다윗의 동네에 너희를 위하여 구주가 나셨으니 곧 그리스도 주시니라"**에서 보면, 예수께서 태어나실 때 이스라엘 현지인으로서 목자들이 함께 했고 이방인인 동방박사가 있었다. 당시 목자는 밤새도록 양을 치는, 현재의 3D 직업 중 하나로서 어렵게 사는 낮은 사람들이다. 동방박사는 말 그대로 지식 많고 높은 위치에 있는 사람들이다. 즉 모든 사람들을 대표한 목자와 박사가 주님의 탄생을 축하하기 위해 천사의 인도로 마구간에 모이게 된 것이다.

마태복음 2장 9-11절 **"박사들이 왕의 말을 듣고 갈새 동방에서 보던 그 별이 문득 앞서 인도하여 가다가 아기 있는 곳 위에 머물러 서 있는지라 그들이 별을 보고 매우 크게 기뻐하고 기뻐하더라 집에 들어가 아기와 그의 어머니 마리아가 함께 있는 것을 보고 엎드려 아기께 경배하고 보배합을 열어 황금과 유향과 몰약을 예물로 드리니라"**에서 보듯, 예수님의 탄생은 이처럼 하늘과 땅에서 모두 기뻐하며 찬양하고 영광스러운 날이었다. 그러나 현재의 12월 25일은 진정 예수님의 탄신일인지 의심스럽다. 과거 로마 시대, 태양신의 탄신일로 숭배하다가 4세기 이를 정치와 종교의 힘을 강화하기 위한 일환으로 변경했다는 설이 가장 유력하다. 당시 종교의 힘을 이용하여 자신의 정치력을 강화하려는 집단에 의한 불순한 의도가 아니었기를 바란다. 또한 현재 휴일을 즐기는 이들을 위한 쉬는 날에 불과하지 않기를 기도한다. 예수께서 구유에 태어나신 것을 기억해야 할 것이다. 이 날은 즐기고 마시기 위한 날이 아니요, 불쌍한 이웃을 생각하고 사랑을 실천함과 동시에 경건하며 검소한 날로 지내야 함을 뜻한다. 또한 이 날 하루만을 기억하는 것이 아니라 **'매일이 크리스마스'**가 되도록 사는 것이 믿는 자의 갈 길이며 주님의 뜻이 아닐까 느낀다.

주님, 거짓되고 악한 길에서 벗어나 어린 양으로서 진정한 목자의 길을 따르며, 언제 어디서나 항상 주님의 찔림과 상함을 기억하여 주님이 가신 길을 본받아 하나님과의 언약, 이웃과의 약속을 잊지 않고 잘 지키며 선하게 살아가는 믿음의 성도가 되도록 인도하여 주소서. 아멘.

찬양 : 그가 찔림은, 우리 때문에

제 3 장
성령의 열매

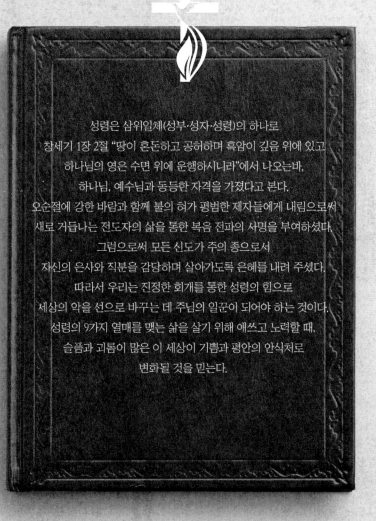

성령은 삼위일체(성부·성자·성령)의 하나로
창세기 1장 2절 "땅이 혼돈하고 공허하며 흑암이 깊음 위에 있고
하나님의 영은 수면 위에 운행하시니라"에서 나오는바,
하나님, 예수님과 동등한 자격을 가졌다고 본다.
오순절에 강한 바람과 함께 불의 혀가 평범한 제자들에게 내림으로써
새로 거듭나는 전도자의 삶을 통한 복음 전파의 사명을 부여하셨다.
그럼으로써 모든 신도가 주의 종으로서
자신의 은사와 직분을 감당하며 살아가도록 은혜를 내려 주셨다.
따라서 우리는 진정한 회개를 통한 성령의 힘으로
세상의 악을 선으로 바꾸는 데 주님의 일꾼이 되어야 하는 것이다.
성령의 9가지 열매를 맺는 삶을 살기 위해 애쓰고 노력할 때,
슬픔과 괴롬이 많은 이 세상이 기쁨과 평안의 안식처로
변화될 것을 믿는다.

성령 충만한 삶

성령의 능력을 믿는 자에게 주신다는 약속의 말씀인 요엘 2장 28-30절 **"그 후에 내가 내 영을 만민에게 부어주리니 너희 자녀들이 장래 일을 말할 것이며 너희 늙은이는 꿈을 꾸며 너희 젊은이는 이상을 볼 것이며 그때에 내가 또 내 영을 남종과 여종에게 부어줄 것이며 내가 이적을 하늘과 땅에 베풀리니 곧 피와 불과 연기 기둥이라"**가 사도행전 2장 17-19절에서도 인용되고 있다. 여기서 영은 성령을 의미하고 자녀, 젊은이, 늙은이, 남종, 여종은 모든 만민을 뜻한다. 말세(요엘 시대는 현재처럼 부정·부패, 타락이 극에 달한 시대)에 주님을 믿는 자들에게는 예언, 환상, 꿈을 통한 계시의 능력을 부어주시겠다는 언약이다.

구약에서는 성령이 특별한 사람, 즉 제사장이나 선지자, 선견자, 왕과 같은 선택받은 특정한 인물에게 임하셨지만, 신약 시대에서는 예수 그리스도를 믿는 사람 모두에게 영적 교제와 함께 역사하신다는 것이다. 신·구약 모두 세 가지의 성령-성령의 보혈, 불과 같은 성령, 불이 꺼진 후에도 생명이 존속하는 연기 같은 성령-을 통해 주님의 뜻이 이뤄지며, 사도행전에 추가된 내용은 기사와 징조는 기적을 믿는 자를 통해 베푸신다는 것이다. 누가복음 11장 9-10, 13절 **"내가 또 너희에게 이르노니 구하라 그러면 너희에게 주실 것이요 찾으라 그러면 찾아낼 것이요 문을 두드리라 그러면 너희에게 열릴 것이니 구하는 이마다 받을 것이요 찾는 이는 찾아낼 것이요 두드리는 이에게는 열릴 것이니라 너희가 악할지라도 좋은 것을 자식에게**

줄 줄 알거든 하물며 너희 하늘 아버지께서 구하는 자에게 성령을 주시지 않겠느냐 하시니라"에서 우리가 무엇을 구하고자 간구할 때 쉽게 이뤄지지 않으면 의심과 걱정이 수반되는데, 이때 끝까지 포기하지 않고 성령을 통해 구하고 찾고 두드려야 주님께서 주신다는 것을 마태복음 7장 7절에서도 똑같이 강조하신다.

성령이 충만할 때는 무엇이든지 주님께 간구하고 달라고 아기처럼 기도하다가, 어느 정도 믿음이 성장했다고 생각하면 '큰 것 위주로 기도해야지 작은 거는 주님께서 그냥 알아서 해주시겠지.' 하는 마음이 생기는 경우가 많다. 우리는 주님 앞에서 아이처럼 순진하고 겸손하며 순종하는 자세로 모든 것을 아뢰어야 주님의 뜻을 진정으로 알게 된다. 또 세상적 부·출세·성공을 위해서 간구하기보다는 불·바람·생수 같은 성령을 위해 기도하는 것이 신자의 도리일 것이다. 진실된 성령이 우리 마음속에 있는 한 세상적 근심·걱정이 사라질 것이고, 항상 기쁨과 평안 안에서 어려운 이웃을 위한 삶을 '고난 속에서의 축복'으로 전환시키며 살 수 있게 될 것이다.

에베소서 3장 10-13절 "이제 교회로 말미암아 하늘에 있는 통치자들과 권세들에게 하나님의 각종 지혜를 알게 하려 하심이니 곧 영원부터 우리 주 그리스도 예수 안에서 예정하신 뜻대로 하신 것이라 우리가 그 안에서 그를 믿음으로 말미암아 담대함과 하나님께 당당히 나아감을 얻느니라 그러므로 너희에게 구하노니 너희를 위한 나의 **여러 환난에 대하여 낙심치 말라 이는 너희의 영광이니라**"와 6장 11-12절 "마귀의 간계를 능히 대적하기 위하여 **하나님의 전신갑주를 입으라** 우리의 씨름은 혈과 육에 대한 것이 아니요 통치자들과 권세들과 이 어두움의 세상 주관자들과 하늘에 있는 악의 영들에게 대함이라"에서 바울은 자신이 작은 자보다 더 작다고 하면서, 이방인에게 복음을 전파하게 하신 것은 하나님이 태초부터 예정하신 것인데, 하나님이 교회를 통해 하늘(영적 세계)에 있는 통치자들과 권세들에게 지혜를 주시지만, 이들은 악령·마귀를 의미하기에 우리가 믿음의 전신갑주를 입고 이 환난을 주님과 우리의 영광으로 만들어야 한다고 말씀하신다. 즉 마귀의 조정을 받는 세상의 권력자·부자들이 우리에게 환난을 주지만, 이것은 하나님께서 우리를 단련하여 정금같이 쓰려고 주시는 것이니, 감사함으로 받고 극복해야만 영광이 비칠 것이다. 시편 119편 71절 **"고난 당한 것이 내게 유익이라 이로 인하여 내가 주의 율례를 배우게 되었나이다"**라는 고백을 다시 한번 되새겨야 할 것이다. 가난이 있었기에 현재 배부름에도 교만하지 않고 겸손하게 살아갈 수 있음은 축복이요 영광스런 삶이 된다. 지금 고난 중에 있다면 축복과 영광 받을 것을 믿고 간구하며 선한 길로 가야 한다. 결론적으로, 우리에게 닥쳐오는 모든 고난과 시련은 우리에게 축복과 영광이 된다는 것이다. 그러므로 두려워하거나 낙심치 말고 담대히 보혜사 성령님의 도우심으로 전진해 나가야 한다. 이것이 믿음의 성도가 가는 길이다.

주님, 어제도 오늘도 내일도 우리에게 발생하는 모든 환난이 우리에게 복이 되고 주님께 영광이 될 수 있도록 단련시켜 주시고, 오순절 다락방에 베푸신 바람 같은 성령, 불 같은 성령, 생수 같은 성령, 기름 부은 성령을 내려 주셔서, 항상 주님을 처음 만났을 때의 설렘과 경외함으로 찬양하고 기도하며 성령 안에서 살아가게 하소서. 아멘.

찬양 : 임하소서 임하소서, 고난이 유익이라

주를 기쁘시게 하는 삶

고린도후서 5장 4-9절 "**참으로 이 장막에 있는 우리가 짐진 것같이 탄식하는 것은 벗고자 함이 아니요 오히려 덧입고자 함이니 죽을 것이 생명에 삼킨 바 되게 하려 함이라 곧 이것을 우리에게 이루게 하시고 보증으로 성령을 우리에게 주신 이는 하나님이시니라 그러므로 우리가 항상 담대하여 몸으로 있을 때에는 주와 따로 있는 줄을 아노니 이는 우리가 믿음으로 행하고 보는 것으로 행하지 아니함이로라 우리가 담대하여 원하는 바는 차라리 몸을 떠나 주와 함께 있는 그것이라 그런즉 우리는 몸으로 있든지 떠나든지 주를 기쁘시게 하는 자가 되기를 힘쓰노라**"라는 말씀에서 장막은 우리의 집이며 몸이니 눈으로 보기에 꼭 필요하고 없어서는 안 될 것처럼 보인다. 그러나 집이 누추하다고 해서, 몸이 약하다고 해서 살 수 없는 것은 아니기에, 그것에 얽매이면서 더 좋은 집, 몸에 더 좋은 음식과 보약을 찾으면서 세상적 짐을 벗어버리고자 애써봐야 소용없는 것이 될 것이다. 그러므로 짐에 짐을 지듯이 어렵고 힘든 환난과 고통을 그대로 받아들이고 즐기면서 의의 길로 갈 때, 생명이 사망을 극복하게 할 것이며, 이 것을 이루기 위해서는 성령이 필요하다는 말씀으로 느껴진다.

몸만을 가꾸고 돌보는 데에 열심을 갖는 것은 주님과 떨어져 사는 것이니, 화장으로 자신의 아름다움을 유지하려는 여인의 마음에는 영원보다는 순간을 중시하려는 욕심이 더 크게 작용하는 것이리라. 믿음이 담대한 사람은 보는 것보다 보이지 않는 것을 믿을수 있기에 주님의 말씀을 실천하는 것에 더 신경을 쓰고 집중하는 것이다. 또한 화려하고 찬란한 겉과 몸을 위해 힘쓰기보다는, 보이지 않는 안과 영을 위해 주와 동행하고 주님이 찾으시는 성도가되려고 노력하는 것이다. 진정으로 하나님을 사랑하는 사람은 세상적인 부·명예·권력을 부러워하지 않고 큰 집과 큰 길보다는 좁은문과 좁은 길로 가는 것에 기쁨과 평안을 느끼고, 어려운 이웃과함께 공동체를 이루며 살아가는 것이다.

주님이 기뻐하시는 삶은 넓은 길이 아닌 좁은 길이다. 마태복음 7장 13-14절 **"좁은 문으로 들어가라 멸망으로 인도하는 문은 크고그 길이 넓어 그리로 들어가는 자가 많고 생명으로 인도하는 문은 좁고 길이 협착하여 찾는 자가 적음이라"**에 나타난다. 또 누가복음 13장 24-27절 **"좁은 문으로 들어가기를 힘쓰라** 내가 너희에게 이르노니들어가기를 구해도 못하는 자가 많으리라 집 주인이 일어나 문을 한 번닫은 후에 너희가 밖에 서서 문을 두드리며 주여 열어 주소서 하면 그가 대답하여 이르되 나는 너희가 어디에서 온 자인지 알지 못하노라 하리니 그때에 너희가 말하되 우리는 주 앞에서 먹고 마셨으며 주는 또한우리의 길거리에서 가르치셨나이다 하나 그가 너희에게 말하여 이르되 나는 **너희가 어디에서 왔는지 알지 못하노라 행악하는 모든 자들아 나를 떠나가라 하리라**"를 보면 예수님은 좁은 문으로 좁은 길을 가셨다. 당시 표적을 구하는 시대에 충분히 정치 권력적 기회를 갖고 왕이 되실 수도 있었을 것이다. 그러나 그것은 잠시의 일이며 한계적 해결책이기에 남들이, 제자들이 가고자 했던 넓은 길, 멸망의 길을 가지 않으신 것이다.

주일을 지키고 살면서도 세상적 길을 가고 있다면, 심판 날에 "너희를 알지 못한다"는 무섭고 죽음 같은 말을 듣게 될 것이다. 지금도 하나님을 믿으면서 세상적 정치·권력·돈·명예의 넓은 길을 가는 사람들이 많이 있다. 좁은 길의 비밀을 아는 사람이라면 이런 것이 헛되고 헛된 것임을 알고 내려놓고 버리는 삶을 살아야 한다. 이런 것들은 세상 사람들에게 인기 있는 것이니, 이것을 가짐에 따라 세상 친구·추종자들이 범람할 것이나, 다 그때뿐이고 영속성은 없다. 좁은 길은 너무 힘들고 외롭고 쓸쓸하지만, 그곳에 고아·과부·나그네(외롭고 힘들게 사는 사람들)가 함께 있다면, 슬픔이 기쁨이 되고 고통이 즐거움이 되는 놀라운 은혜가 충만하게 될 것이다. 그러므로 불쌍한 이웃에 대한 사랑이 가장 큰 계명 중의 하나라는 비밀이 여기 있다.

좁고 선한 길로 가는 것이 얼마나 어려운가를 보여주는 사례가 사무엘하 18장 33절 **"내 아들 압살롬아 내 아들 내 아들 압살롬아 차라리 내가 너를 대신하여 죽었더면 압살롬 내 아들아 내 아들아 했더라"** 에 등장한다. 다윗은 셋째 아들 압살롬을 무척 사랑하고 아꼈다고 느끼지만, 과거를 돌아보면 전혀 그렇지 않음을 알 수 있다. 사무엘하 13장부터 읽어야 이 전말을 이해할 수 있다. 압살롬에게는 친여동생 다말(아이러니하게도 유다의 며느리 이름과 동일, 다말은 시련의 여인이지만 역사의 전환점을 만듦)이 있었는데, 다윗의 큰아들 암논이 욕정에 사로잡혀 이복 여동생을 강간하게 된다. 이 일이 있음을 알고 있는 다윗은 아무 말도 하지 않고 덮어두는데, 압살롬은 이런 아버지를 어떻게 생각했을까? 아마도 부하인 우리야의 아내를 쟁취한 아버지의 성욕을 암논이 물려받았다고 생각했을 것이다. 2년 동안 침묵을 지킨 압살롬은 드디어 이복형을 죽이고 도망한 뒤 2년 후 다시 돌아온다. 그는 3남 1녀의 자녀 중 딸의 이름을 다말이라 할 정도로 여동생을 아꼈다.

아버지 다윗과 입맞춤을 하면서 관계가 회복되는 듯 보였지만, 아버지에 대한 원망 때문에 그는 이미 반역을 생각하고 있었다. 4년간 압살롬은 백성의 재판관이 되어 신의를 쌓아 명성을 올린 후 드디어 반란을 일으킨다. 하지만 반역은 진압되고 요압에게 처형되니, 다윗이 이를 듣고 슬퍼하는데, 위의 구절이 바로 그런 상황을 이야기하는 것이다. 여기서 다윗이 자식을 죽이지 말라고 부탁했지만 그 부하는 처참히 처형하는데, 이것을 몰랐을까? 여기서 인간의 이중성을 엿볼 수 있다.

다윗이 큰아들 암논이 여동생을 겁탈했을 때(악행을 행할 때) 세자요 장자라는 것과 남아선호 사상 등의 여러 이유로 아무 말도 하지 않은 것은 하나님을 믿는 자로서의 행동이 아니다. 악행을 그대로 용인한 까닭에 집안의 내분과 반란이라는 큰 후폭풍을 맞게 된다. 단지 그가 압살롬에 쫓겨가면서 회개의 기도를 함으로써 다시 복원될 수는 있었지만, 이후 넷째 아들 아도니야가 다시 반란을 일으키는 수모를 당하는 악순환이 생겨난다. 우리는 악인을 만날 때, 악한 일을 봤을 때 그냥 지나치거나 모른 척해야 할까? 예수께서 우리에게 의에 주리고 목마른 자, 의를 위해 핍박을 받는 자가 복이 있다 한 것은 악의 잘못을 지적하고 온유하게 권면하며 듣지 않을 때는 내쫓거나 떠나야 함을 의미한다고 생각한다. 관계를 단절하는 것이 괴롭고 힘들지만, 그래야 돌아올 수 있는 것이다.

고린도전서 5장 10-13절 "이 말은 이 세상의 음행하는 자들이나 탐하는 자들이나 속여 빼앗는 자들이나 우상 숭배하는 자들을 도무지 사귀지 말라 하는 것이 아니니 만일 그리하려면 너희가 세상 밖으로 나가야 할 것이라 이제 내가 너희에게 쓴 것은 만일 어떤 형제라 일컫는 자가 음행하거나 탐욕을 부리거나 우상 숭배를 하거나 모욕하거나 술 취하거나 속여 빼앗거든 사귀지도 말고 그런 자와는 함께 먹지도 말라 함이라 밖에 있는 사람들을 판단하는 것이야 내게 무슨 상관이 있으리요마는 교회 안에 있는 사람들이야 너희가 판단하지 아니하랴 밖에 있는 사람들은 하나님이 심판하시려니와 이 악한 사람은 너희 중에서 내쫓으라"는 말씀을 보면 믿지 않는 사람의 악행은 하나님이 정죄하지만, 믿는 형제의 죄는 우리가 판단하고 권면하되 "듣지 않으면 내쫓으라"고 하심을 상고하며, 무조건 참고 묵인하는 것만이 참된 그리스도인은 아님을 깨닫는다. 악인과 관계하지 않고 가만히 하나님 뜻대로만 산다면 왜 주님께서 복음을 땅끝까지 전하라고 하셨을까? 내 가족, 믿음의 형제가 악행을 행한다면, 우리는 바르게 판단하여 그를 구제하도록 노력하고, 중보기도와 말씀을 통해 지속적으로 선행을 권유해야 하지 않을까? 이것이 바로 좁은 길이며 선한 길이 되는 것이다.

고린도후서 5장 18-19절 **"모든 것이 하나님께로서 났으며 그가 그리스도로 말미암아 우리를 자기와 화목하게 하시고 또 우리에게 화목하게 하는 직분을 주셨으니 곧 하나님께서 그리스도 안에 계시사 세상을 자기와 화목하게 하시며 그들의 죄를 그들에게 돌리지 아니하시고 화목하게 하는 말씀을 우리에게 부탁하셨느니라"**에서 믿는 자의 화목은 '하나님의 뜻 안에서 모든 것을 나누고 섬기는 것'이라고 할 수 있다. 죄를 저지르는 사람들과 화목하기 위해 기도하고 복음을 전파하여 '돌탕'이 되도록 노력하지만, 그들의 세상 속으로 들어가서 스파이처럼 위장하면서 술에 취하고 간음하고 같이 정답게 살고 있다면, 세상 사람들은 화목하다고 할지 몰라도, 주님은 그것은 화목이 아니라 방탕이며 죄악이라고 하실 것이다.

상황에 따라 정도의 차이가 있으나, 대부분의 동창회나 술 마시는 회식 자리에서 술에 취하고, 그래서 정신없이 넘지 말아야 할 선을 넘고, 다음날 양심의 가책이나 후회가 생기는 일을 하고 있다면, 성도의 길을 가고 있는 것일까? 술로 만난 친구는 술이 없으면 헤어지게 되고, 골프로 만나는 친구는 골프 같은 놀이가 없으면 만나지 않게 되며, 돈이나 비즈니스로 얽힌 친구는 그 혜택이 없으면 사라지게 되는 것이 세상의 인간관계이며 만남의 수준일 것이다. 세상의 쾌락과 주님의 희락과는 근본적으로 다르며, 세상의 슬픔과 주님의 애통은 그 원인의 출발점이 같지 않듯이, 믿는 자는 세상과의 화목을 위한 사신이 되어 세상을 주님의 뜻으로 변화시키는 것이다. 때로는 긍휼과 용서를, 때로는 훈계를, 때로는 위로와 자비를, 때로는 관계 소홀(멀리함) 등 여러 가지 주님의 방법으로 직분을 담당해야 할 것이다.

주님, 겉보다는 속이 알차도록 애쓰며, 남루하지만 아늑하고 초라하지만 정결한 곳에서 주님이 가르치신 대로 주를 기쁘시게 하는 삶을 살아가며, 편하고 넓은 길이 아닌 좁은 길, 좁은 문으로 들어갈 수 있는 힘과 용기와 지혜를 허락하사 하나님의 방법으로 우리에게 닥친 문제를 상황에 맞게 해결하도록 가르치시고 깨닫게 하여 주소서. 아멘.

찬양 : 주님 가신 길을 따라, 오직 주만이

그리스도인의 성품

그리스도인의 성품은 어떤 모습이어야 하는가?

베드로후서 1장 4-7절 "**이로써 그 보배롭고 지극히 큰 약속을 우리에게 주사 이 약속으로 말미암아 너희로 정욕을 인하여 세상에서 썩어질 것을 피하여 신의 성품에 참예하는 자가 되게 하려 하셨으니 이러므로 너희가 더욱 힘써 너희 믿음에 덕을, 덕에 지식을, 지식에 절제를, 절제에 인내를, 인내에 경건을, 경건에 형제 우애를, 형제 우애에 사랑을**

공급하라"는 하나님을 믿고 순종하면 욕심으로 인해 죄에 빠지고 사망에 이르는 것을 피하고 복과 평안, 기쁨을 주시는 약속을 이루게 하셔서 신의 형상과 성품에 가까운 자녀가 될 수 있는바, 8가지의 성품을 닮아 살아야 한다는 말씀이다.

1. 하나님과의 첫 만남은 성령 체험이며 이는 믿음으로써 이루어지는 것이다. 그렇기에 조건 없는 믿음이 우리를 주 안에 머물게 하고, 선한 길을 실천하여 의를 이루게 한다.

2. 믿음이 생기면 자비와 양선이 생기고, 나와 남을 위한 덕을 세우게 된다.

3. 덕이 생기면 말씀에 대한 지식을 갈구하게 되어 하나님의 선하심과 그 방법대로 사는 법을 알게 된다. 여기까지는 신이 주신 인간의 능력을 발휘하여 얻을 수 있는 혜택이지만. 지식이 지혜를 의미하지는 않는다.

4. 지식이 많아지면 교만하게 되고 높은 자리에 오르려 하는데, 이때에 절제가 필요한바, 자기의 자랑보다는 겸손과 낮아짐으로 승화되는 성품이 나타나야 한다.

5. 절제를 잘하려면 인내가 있어야 하니, 조롱과 핍박이 있어도 희생과 봉사의 성품으로 모든 일에 시비가 없게 행해야 할 것이다.

6. 여기까지 잘해도 경건과 거룩한 마음으로 정욕과 부정한 마음을 버리지 않으면 그리스도인의 성품이 진척될 수 없음을 명심해야 한다. 다섯 가지를 잘 지키는 훌륭한 가장이 이중생

활을 한다면, 그는 적그리스도가 되는 것이다.

7. 이제는 나보다 남을, 우리의 이웃을 우리 몸같이 사랑하는 형제자매 간의 우애의 성품을 실천해야 한다. 머릿속으로만 있는 사랑은 아무 의미가 없기 때문이다.

8. 마지막으로 이 모든 것을 품는 사랑이 있어야 그리스도인의 성품이 완성될 것이다. 믿는 자나 안 믿는 자, 병든 자나 가난한 자 누구에게나 그리스도의 사랑을 전하고 알리며 실천하여 하나님의 세상을 이곳에 만들어야 한다.

이것들은 개별적으로 발생하거나 동시다발적으로 나타나지는 않고, 각자의 수준에 따라 이루어지는 것이지만 사랑으로 귀결되니, 사랑의 실천은 모든 것을 이루는 그리스도인의 가장 중요한 성품이라 할 것이다. 10-11절 **"그러므로 형제들아 더욱 힘써 너희 부르심과 택하심을 굳게 하라 너희가 이것을 행한즉 언제든지 실족지 아니하리라 이같이 하면 우리 주 곧 구주 예수 그리스도의 영원한 나라에 들어감을 넉넉히 너희에게 주시리라"**의 말씀에서, 위에 언급한 성품들을 갖고 살면 우리의 마지막 도착지인 영생이 기다리고 있는 것을 알 수 있다.

한편 그리스도인의 혀에 대해 야고보서 3장 2, 5-6절 **"우리가 다 실수가 많으니 만일 말에 실수가 없는 자면 곧 온전한 사람이라 능히 온몸도 굴레 씌우리라 이와 같이 혀도 작은 지체로되 큰 것을 자랑하도다 보라 어떻게 작은 불이 어떻게 많은 나무를 태우는가 혀는 곧 불이요 불의의 세계라 혀는 우리 지체 중에서 온몸을 더럽히고 생의 바퀴를 불**

샤르나니 그 사르는 것이 지옥불에서 나느니라"에서 언급하고 있다. 말에 실수를 하지 않기 위해서는 혀를 잘 다스려야 하고, 말을 절제해야 의인이라 칭함을 받을 것이며, 몸을 통한 행동 또한 올바르게 사용될 수 있다고 생각한다. 말에 재갈을 물려서 그를 통제하는 것이나 작은 키가 배를 움직이는 것과 같이, 작은 지체인 혀는 불이기에 잘못 사용하면 산불을 일으키고, 모두를 살해하는 원인이 될 수 있다는 말씀이다. 한번 떠난 말은 다시 주워 담을 수 없기에 혀를 조심히 다루지 않으면 안 된다.

잠언 10장 19-21절 "말이 많으면 허물을 면키 어려우나 그 입술을 제어하는 자는 지혜가 있느니라 의인의 혀는 천은과 같거니와 악인의 마음은 가치가 적으니라 **의인의 입술은 여러 사람을 교육하나 미련한 자는 지식이 없으므로 죽느니라**"와 21:23절 "입과 혀를 지키는 자는 자기의 영혼을 환난에서 보전하느니라"를 잘 기억해야 한다. 또한 8-10절 "혀는 능히 길들일 사람이 없나니 쉬지 아니하는 악이요 죽이는 독이 가득한 것이라 이것으로 우리가 주 아버지를 찬송하고 또 **이것으로 하나님의 형상대로 지음을 받은 사람을 저주하나니 한 입으로 찬송과 저주가 나는도다 내 형제들아 이것이 마땅치 아니하니라**"를 보면 혀의 잘못된 기능이 얼마나 무서운지 나타난다. 사람을 죽이는 독이 될 수도 있고, 하나님을 찬양할 수도 있으니, 이 두 가지의 선과 악의 기능 중 어느 것을 선택해야 할지는 지극히 당연하나, 매우 힘든 일이라 할 것이다. 따라서 그리스도인이라면 혀를 잘 다스려 온유하고 지혜롭게 의의 병기로 사용하여, 하나님의 형상대로 지음 받은 것을 드러내며 화평과 성령의 열매를 맺어야 할 것이다.

로마서 2장 1-2절 "그러므로 남을 판단하는 사람아, 누구를 막론하고 네가 핑계하지 못할 것은 남을 판단하는 것으로 네가 너를 정죄함이니 판단하는 네가 같은 일을 행함이니라 이런 일을 행하는 자에게 하나님의 심판이 진리대로 되는 줄 우리가 아노라"와 같은 말씀을 보면 우리가 항상 남을 분석하고 판단하며 살게 되는 것이 인간이 가지고 있는 본성인지, 아니면 교육을 통한 지성인지 알 수 없지만, 남을 비판하는 행위는 자신을 정죄하는 것과 같다는 것을 알 수 있다. 나의 들보를 보기보다는 남의 눈의 티를 먼저 보려는 습성을 버려야 한다. 예수님께서도 마태복음 7장 1-3절 "비판을 받지 아니하려거든 비판하지 말라 너희가 비판하는 그 비판으로 너희가 비판을 받을 것이요 너희가 헤아리는 그 헤아림으로 너희가 헤아림을 받을 것이니라 어찌하여 형제의 눈 속에 있는 티는 보고 네 눈 속에 있는 들보는 깨닫지 못하느냐"에서 같은 말씀을 얘기하고 계신다. 남의 행동이나 말이 마음에 들지 않을 때 비난하고 판단하려는 마음이 저절로 생겨나니, 야고보서 1장 19-20절 "내 사랑하는 형제들아 너희가 알지니 사람마다 듣기는 속히 하고 말하기는 더디 하며 성내기도 더디 하라 사람이 성내는 것이 하나님의 의를 이루지 못함이라"는 말씀을 기억하여, 입과 혀를 잘 지켜 마음속으로는 판단하지만 표현하는 데는 신중을 기하고 때를 기다려서 알려야 하는 것이다. 그러나 비판하지 말라는 것의 정확한 의미는 생각도 하지 말라는 것이 아니고, 생각하되 행함에 조심하라는 뜻일 것이다.

주님, 진정한 그리스도인으로 살아갈 수 있도록 8가지의 성품을 내려

주시고, 그것들을 이곳에서 실천하여 영생할 수 있도록 인도하시며, 우리의 혀를 절제하여 사용할 수 있게 하시고, 나의 들보를 보게 하사 남의 티를 이야기하는 때를 기다려, 남이 스스로 깨닫도록 하는 지혜를 주소서. 아멘.

찬양 : 주님의 마음을 본받는 자

죽음도 불사하는 믿음

우리가 가장 무서워하는 것 중의 하나인 죽음도 두려워하지 않는 믿음을 가질 수 있을까? 다니엘 3장 17-18절 **"왕이여 우리가 섬기는 하나님이 계시다면 우리를 맹렬히 타는 풀무불 가운데에서 능히 건져내시겠고 왕의 손에서도 건져내시리이다 그렇게 하지 아니하실지라도 왕이여 우리가 왕의 신들을 섬기지도 아니하고 왕이 세우신 금 신상에게 절하지도 아니할 줄을 아옵소서"**에서 찾아볼 수 있다. 바벨론 왕 느부갓네살이 자기 공적과 우상 숭배를 위해 27미터나 되는 거대한 금 신상을 만들고 절하도록 강권하는 상황에서 다니엘의 세 친구들이 왕에게 자신들의 입장을 강하게 호소하는 장면이다. 절하지 않아 풀무불 속에 들어가서 죽든 살든 모든 것을 하나님께 맡긴다는 의지를 보이고 있다. 현재 북한의 독재정권이 김 씨 부자의 금 신상을 세우고 절하라고 시키는 것이 2500여 년 전 독재자의 모습과 너무나 닮았고, 그에 항거하여 지하 감옥에서 처참하게 죽어가는 믿음의 형제자매들이 순교의 길을 걷고 있다는 것 또한 이 세 친구의 모습과 흡사함을 느낀다. 평소보다 일곱 배나 더 불을 강하게 하여 세 명을 넣었지만 기이한 현상을 보게 되니, 25절 **"왕이 또 말하여 이르되 내가 보니 결박되지 아니한 네 사람이 불 가운데로 다니는데 상하지도 아니했고 그 넷째의 모양은 신들의 아들과 같도다"**라고 놀라면서 천사가 세 명을 보호하고 돌보심으로써 불 속에서조차 안전하게 지내는 것을 인정했다.

28-29절 **"느부갓네살이 말하여 이르되 사드락과 메삭과 아벳느고의 하나님을 찬송할지로다** 그가 그의 천사를 보내사 자기를 의뢰하고 그들의 몸을 바쳐 왕의 명령을 거역하고 그 하나님 밖에는 다른 신을 섬기지 아니하며 그에게 절하지 아니한 종들을 구원하셨도다 그러므로 내가 이제 조서를 내리노니 각 백성과 각 나라와 각 언어를 말하는 자가 모두 사드락과 메삭과 아벳느고의 하나님께 경솔히 말하거든 그 몸을 쪼개고 그 집을 거름터로 삼을지니 이는 이같이 **사람을 구원할 다른 신이 없음이니라 하더라"**에서 결국 하나님의 위대하심에 무릎 꿇은 왕의 간사하고 변덕스러움을 볼 수 있다. 강자에게 약하고 약자에게 강한 권력의 면모를 통해서 우리가 어찌 살아가야 하는지를 알려 주는 말씀이다.

또한 하박국 1장 2-4절 **"여호와여 내가 부르짖어도 주께서 듣지 아니하시니 어느 때까지리이까** 내가 강포로 말미암아 외쳐도 주께서 구원하지 아니하시나이다 어찌하여 내게 죄악을 보게 하시며 패역을 눈으로 보게 하시나이까 겁탈과 강포가 내 앞에 있고 변론과 분쟁이 일어났나이다 이러므로 율법이 해이하고 정의가 전혀 시행되지 못하오니 이는 악인이 의인을 에워쌌으므로 정의가 굽게 행하여짐이니이다"의 시기는 B.C. 610년경으로, 바벨론이 앗수르를 멸망시키고 애굽까지 굴복시킨 상황에서 바벨론의 침략으로 고생하고 궁핍해진 이스라엘에 대해 하박국 선지자가 하나님께 의심과 원망이 섞인 질문을 하는 것이다. 우리도 어떤 환난과 고통이 닥칠 때 기도해도 응답되지 않는다면, 위와 같은 질의를 한 적이 있을 것이다. 하나님이 이스라엘 백성에게 고난을 주신 것은 우상 숭배와 악한 길로 간 것에 대해 악인을 사용하여 징계와 단련의 과정을 주신 것인바, 회개하고 돌아올 때만 진노를 푸시고 남은 자들을 구원하신다는 것을 보여주신다. 2장 3-4절 "이 묵시는 **정한 때가 있나니 그 종말이 속히 이르겠고 결코 거짓되지 아니하리라 비록 더딜지라도 기다리라 지체되지 않고 반드시 응하리라 보라 그의 마음은 교만하며 그 속에서 정직하지 못하나 의인은 그의 믿음으로 말미암아 살리라**"에서 하박국의 질의에 대한 응답이 나타나 있다. 결론적으로, 어찌하여 의인이 잘못되고 악인이 득세하는지 혼란스러워하는 하박국에게, 하나님께서 궁극적으로 악인은 심판당하고 의인은 믿음으로 말미암아 구원을 얻게 되리라는 '이신득의(以信得義)'의 놀랍고 신비한 해답을 주시는 것이다. 이 말씀은 훗날 바울 신학과 루터의 종교개혁에 기초가 되었다. 하박국 선지자처럼 신앙생활에 의심이 생길 때 주님께 질의하고, 그 질의에 대한 응답하심에 귀 기울이며, 하나님의 뜻을 보여주시거나 깨달음을 주실 때까지 기다리고 인내하며 지속적으로 기도, 간구하는 것이 시대와 공간을 초월한 믿음의 자세라 생각한다.

신약에서 율법과 믿음의 다름을 보여주는 사례는 갈라디아서 2장 12-14절 **"야고보에게서 온 어떤 이들이 이르기 전에 게바가 이방인과 함께 먹다가 그들이 오매 그가 할례자들을 두려워하여 떠나 물러가매 남은 유대인들도 그와 같이 외식하므로 바나바도 그들의 외식에 유혹되었느니라 그러므로 나는 그들이 복음의 진리를 따라 바르게 행하지 아니함을 보고 모든 자 앞에서 게바에게 이르되 네가 유대인으로서 이방인을 따르고 유대인답게 살지 아니하면서 어찌하여 억지로 이방인을 유대인답게 살게 하려느냐 했노라"**에 나타난다. 이 장면은 안디옥에서 야고보의 제자들이 오기 전, 먼저 도착한 베드로(게바)가 그곳의 이방인들과 외식하고 있었다. 외식은 영어 성경에서는 dissemble로 '숨기다, 가식적으로 꾸미다'의 뜻인데, 여기서는 두 가지 의미로 사용되었다. 첫째, 이방인들이 먹는 것은 부정한 음식으로, 그들의 잘못된 것을 함께 공유하는 것은 하나님의 뜻에 위반되는 것이다. 둘째, 이방인에게 전도하기 위해 그들과 지내는 것은 좋으나, 율법적 유대인이 오자 그들에게 비난받지 않기 위해 숨는 것은 믿음의 행동이 아니다.

우리도 전도할 때 비신자와 친해지기 위해 술을 마신다면 몸을 컨트롤할 수 없게 되거나, 그곳에서 성도를 우연히 만났을 때 들키지 않기 위해 자리를 피할 수도 있다. 게바가 어떤 이유로 그 자리에 있었고 그 자리를 피하게 됐는지 정확히 알 수는 없지만, 게바의 행동은 할례자와 이방인을 차별 내지 구별한 행동이기에, 바울은 믿음의 사도가 자신의 행동을 숨기거나 다르게 꾸민다면 진실되지 못하고 거짓을 행하는 것이니, 그것이 율법을 지키고자 함이라도 옳지 못하다고 지적하는 것이다. 율법만을 고집한다면 돼지고기는 먹을 수 없고, 은행 이자도 받아선 안 되며, 형이 자손 없이 타계했을 때 형수 방에 들어가야 하고, 일부다처제를 행해도 된다. 결국 우리가 하나님의 방법으로 비신자를 전도해야지, 율법적 방법만으로 그들을 인도하거나 교제하면, 결국 죄를 짓고 악을 행하게 된다는 것이다. 따라서 선과 악의 균형점에서 믿는 자의 정체성을 지키며 악을 선으로 인도해야 할 것이다.

16-19절 **"사람이 의롭게 되는 것은 율법의 행위로 말미암음이 아니요 오직 예수 그리스도를 믿음으로 말미암는 줄 알므로 우리도 그리스도 예수를 믿나니 이는 우리가 율법의 행위로써가 아니고 그리스도를 믿음으로써 의롭다 함을 얻으려 함이라 율법의 행위로써는 의롭다 함을 얻을 육체가 없느니라 내가 율법으로 말미암아 율법에 대하여 죽었나니 이는 하나님에 대하여 살려 함이라"**의 말씀은, 이방인과 식사하거나 교제하는 것은 율법을 지키지 않는 것이니, 그들과 벽을 쌓고 우리만의 성에서 홀로 선하게 사는 것은 독선이거나 지나친 선민의식에 사로잡혀 있는 것임을 안다면, 그리스도를 믿음으로써 의롭게 되어야 하고, 주님을 모르고 사는 불쌍한 이웃을 위해서 잘못된 율법을 버리는 것이 하나님의 뜻대로 살 수 있는 길임을 지적하고 있다. 따라서 율법은 주님의 뜻대로 선하게 살기 위한 수단이지 목표가 되어서는 안 된다. 따라서 믿음의 행동이 주님 보시기에 합당한지를 기준 삼아 분별력을 갖고 성도의 생활을 해야 할 것이다.

디모데전서 1장 8-11절 "그러나 사람이 **율법을 적법하게 쓰면 율법은 선한 것**인 줄 우리는 아노라 알 것은 이것이니 법은 옳은 사람을 위하여 세운 것이 아니요 오직 불법한 자와 복종치 아니하는 자며 경건치 아니한 자와 죄인이며 거룩하지 아니한 자와 망령된 자며 아비를 치는 자와 어미를 치는 자며 살인하는 자며 음행하는 자며 남색하는 자며 사람을 탈취하는 자며 거짓말하는 자며 거짓 맹세하는 자와 기타 바른 교훈을 거스르는 자를 위함이니 이 교훈은 내게 맡기신바 복되신 **하나님의 영광의 복음을 좇음이니라**"에서 율법의 필요와 적용에 대해 말씀하신다. 믿는 사람들 중에 율법이 우리를 구속하고 쓸데없는 것을 지키는 것으로 생각하는 분들도 있는 듯하나, 율법은 법이 필요한 자-죄인-를 위함이고, 올바르게 사용하면 모든 이들을 선한 길로 인도하는 수단이 되는 것이다. 법 없이도 사는 세상을 만들어야 한다고 하지만, 선과 악이 공존하는 한, 율법은 믿는 자나 안 믿는 자에게나 평안을 얻고 화평한 세상을 살려면 똑같이 필요한 도구인 것이다.

마태복음 5장 17-18절에서 예수께서는 분명히 율법에 대해 이렇게 말씀하신다. "**내가 율법이나 선지자나 폐하러 온 줄로 생각지 말라 폐하러 온 것이 아니요 완전케 하려 함이로라 진실로 너희에게 이르노니 천지가 없어지기 전에는 율법의 일점일획이라도 반드시 없어지지 아니하고 다 이루리라**" 즉 율법을 없애는 것이 아니라 완성시키려 오셨고, 세상이 존재하는 한 율법은 계속 존재하는 것이라는 뜻일 것이다. 로마서 10장 4-5절 "그리스도는 모든 믿는 자에게 의를 이루기 위하여 율법의 마침이 되시니라 모세가 기록하되 율법으로 말미암는 **의를 행하는 사람은 그 의로 살리라 했거니와**"에서 더욱 중요한 것은 율법을 말로만, 머리로만 아는 것이 아니라, 실행해야만 의롭게 살고 선한 길로 가는 것이다. 그러나 잘못된 율법은 고쳐져야 하며, 구별하는 지혜를 갖고 행하는 것이 율법의 완성을 위한 과정일 것이다.

주님, 우리가 주님 뜻대로 살고자 노력하나, 세상 속에서 이방인들과의 만남은 어쩔 수 없는 것입니다. 그것을 무조건 피하기보다는 그들을 주님께로 인도하기 위해 주님의 지혜를 허락하시고 주님의 방법으로 순간순간 행동하게 인도하시며, 믿음이 의심을 버리게 하고, 원망을 소망으로, 절망을 희망으로 바꾸는 힘이 있음을 깨달아 죽음도 불사하는 믿음으로 천국 소망을 갖고 영생의 삶을 살아가도록 인도하여 주소서. 아멘.

찬양 : 믿음으로 서리라, 오직 믿음으로 살리라

관계의 회복

하나님이 주신 큰 계명 두 가지는 죽음보다 더 하나님을 사랑하고 인간들도 사랑하라는 것인바, 사랑으로 모든 것이 이뤄지고 완성된다는 의미이다. 과연 우리는 자기 생명을 버리면서까지 다른 이를 아끼고 살릴 수 있을까? 우리 죄를 대속하시려고 십자가에 못 박히신 그리스도는 우리 위에 군림하거나 지배하기 위해서가 아니라, 우리를 선한 길로 인도하시고 친구가 되어주시는 수평적 관계를 원하시는 것이다. 이것이 우리가 거저 받은 대로 타인에게 행해야 할 진정한 삶이요 사명일 것이다. 친구에게 이렇게 잘해 주었으니, 자식·배우자에게 모든 것을 주었으니 이렇게 살고 저렇게 살아야 한다고 지배하고 다스리려 한다면, 선을 행한 것이 조건과 대가를 바라고 하는 것이고, 그를 수하의 종처럼 대우하는 것이리라. 나를 완전히 버려 다 내려놓고 탈아(脫我)하는 것, 조건 없이 베풀고 나누는 것이 어려운 일이지만, 이것을 행할 수 있어야만 주님의 친구가 될 수 있다. 친구는 쉽게 되는 것이 아니다. 자기희생이 있어야 진정한 벗이 될 수 있을 것이다. 가족 관계나 타인과의 관계도 마찬가지로, 내가 받을 것만 생각하면 늘 불평과 불만이 생긴다. 하지만 주님 안에서 나누고 섬기려 한다면 진정한 관계가 성립된다. 주님께서 그것을 행하는 자에게는 매 순간 상황에 맞는 지혜를 주시고 화평하게 살아가는 방법을 알려 주실 것이다.

<가족 간의 관계>

로마서 9장 1-3절 "내가 그리스도 안에서 참말을 하고 거짓말을 아니하노라 나에게 큰 근심이 있는 것과 마음에 그치지 않는 고통이 있는 것을 내 양심이 성령 안에서 나와 더불어 증언하노니 **나의 형제 곧 골육의 친척을 위하여 내 자신이 저주를 받아 그리스도에게서 끊어질지라**

도 원하는 바로라"의 말씀을 기준으로 생각해 보자. 바울은 가족이 있고 아버지 어머니, 부인(가말리엘의 제자로서 바리새인 파가 되려면 결혼을 해야 한다는 설) 그리고 친척들이 있었을 것이다. 그렇기에 예수님을 구주로 믿고 나서, 자기 가족과 친척들이 잘못된 신앙을 갖고 사는 것이 안타깝고 근심과 고통까지 이르렀을 것이다. 그래서 이들을 위해서라면 거짓 신앙을 가진 자들과 교제하는 것으로 인해 저주를 받아서 그리스도에게서 징벌을 받더라도 그들을 버릴 수 없고 그들을 회개시키기 위해 노력할 수밖에 없는 상황이다. 또 한편으로는 그리스도에게서 끊어지더라도 인간의 본능에 충실하여 가족과의 관계를 유지하고 싶은 것이 바울의 심정일 것이다. 그러나 예수께서는 마태복음 10장 35-40절 **"내가 온 것은 사람이 그 아비와, 딸이 어미와, 며느리가 시어미와 불화하게 하려 함이니 사람의 원수가 자기 집안 식구리라 아비나 어미를 나보다 더 사랑하는 자는 내게 합당치 아니하고 아들이나 딸을 나보다 더 사랑하는 자도 내게 합당치 아니하고 또 자기 십자가를 지고 나를 좇지 않는 자도 내게 합당치 아니하니라 자기 목숨을 얻는 자는 잃을 것이요 나를 위하여 자기 목숨을 잃는 자는 얻으리라 너희를 영접하는 자는 나를 영접하는 것이요 나를 영접하는 자는 나 보내신 이를 영접하는 것이니라"**에서 가족과 주님 간의 우선순위를 분명히 알려 주고 계신다.

우리가 회복해야 할 여러 가지 중 가정의 질서 및 관계 회복이 교회를 만들고 사회를 바꾸는 것보다 더 어려운 것이라는 사례는 자식 농사에 실패하여 가정을 지키지 못한 사무엘 선지자, 다윗에게서 찾을 수 있다. 예수님이 오신 이유 중 하나가 가족 간의 불화를 일으키는 것이라고 말씀하신다. 인간은 이기적이며 교활하여 가족 내에서도 자신만의 유익을 강조함으로써 갈등을 조장하게 되는 것이 본능이기에, 가깝지만 멀리 있는 관계가 될 수 있어 원수가 된다. 또 인자도 고향에서는 인정받을 수 없는데, 그것은 서로의 단점을 너무 잘 알기에 장점이 가려지고 먼저 판단하는 죄를 짓게 되기 때문이다. 자식 때문에, 부모 때문에 주님께 나아가지 못하고 세상에 머무른다면, 하나님의 법에 합당치 않은 것이다. 그러므로 주님의 선한 길로 같이 갈 것을 온유하게 권유하지만, 동행하지 않는다면 십자가를 지신 주님을 먼저 선택하여 따르는 것이 성도의 의무인 것이다.

마태복음 12장 50절 **"누구든지 하늘에 계신 내 아버지의 뜻대로 하는 자가 내 형제요 자매요 모친이니라 하시더라"**에서 세상적 유혹과 욕심에 사로잡혀 살기를 가족들이 원한다면 어찌해야 하는지를 분명히 가르치신다. 매일 가족관계 회복을 위해 기도하고 주 안에서 하나 되기를 간구해야 한다. 주님을 영접하는 자는 모든 잘못을 용서받고 받아들여져, 하나님을 영접하는 영광을 얻게 될 것이다.

미가 7장 2-6절 **"경건한 자가 세상에서 끊어졌고 정직한 자가 사람들 가운데 없도다 그 지도자와 재판관은 뇌물을 구하며 권세자는 자기 마음의 욕심을 말하며 그들이 서로 결합하니 그들의 가장 선한 자라도 가시 같고 가장 정직한 자라도 찔레 울타리보다 더하도다 그들의 파수꾼들의 날 곧 그들 가운데에 형벌의 날이 임했으니 너희는 이웃을 믿지 말며 친구를 의지하지 말며 네 품에 누운 여인에게라도 네 입의 문을 지**

킬지어다 아들이 아버지를 멸시하며 딸이 어머니를 대적하며 며느리가 시어머니를 대적하리니 사람의 원수가 곧 자기의 집안 사람이리로다"의 말씀은 유다 왕국에서 우상 숭배가 가장 극심했던 아하스 왕 시대를 배경으로 활동했던 선지자 미가의 이 메시지로써 우상 숭배에 대한 신랄한 지적을 하고 있다. 그와 함께 종교적 타락이 자연스레 사회·도덕적 타락, 그리고 불의와 불법을 자행하는 지도자·권력자·부자 등 사회적 강자의 타락으로 이어지고 있음을 지적하고 있다. 그런 그들에게는 하나님의 공의로운 심판이 임할 것이다. 반면에 끝까지 믿음을 지키고 인내하는 남은 자를 향한 하나님의 위로와 구원을 미가는 여기서 전하고 있다. 세상에 경건하고 정직한 사람은 사라지고 자기의 유익만을 생각하는 재판관·권세자들로 인해 파수꾼이 경고하는 심판의 날이 다가올 때에 가장 가깝다고 생각했던 집안사람끼리도 멸시와 조롱과 원망이 가득하니, 세상적 욕심을 가지면 악을 행하게 되고 심판의 대상이 된다는 말씀이다.

<부부 관계>

성경에서 말하는 부부 관계에 대한 구절과 의미를 되새겨 보면 다음과 같다.

(1) 부부는 일심동체이니 수평적 관계이자 서로 도와야 하는 사이

"남자가 부모를 떠나 그 아내와 연합하여 둘이 한 몸을 이룰지로다"(창 2:24)

(2) 가정에도 질서가 있음을 예시

"아내들이여 자기 남편에게 복종하기를 주께 하듯 하라 이는 남편이

아내의 머리 됨이 그리스도께서 교회의 머리 됨과 같음이니 그가 친히 몸의 구주시니라 그러나 교회가 그리스도에게 하듯 아내들도 범사에 그 남편에게 복종할지니라 남편들아 아내 사랑하기를 그리스도께서 교회를 사랑하시고 위하여 자신을 주심같이 하라"(엡 5:22-25)

- 이것은 부부가 상하복종의 관계가 아니라, 서로 순종하고 사랑하라는 말씀.

(3) 남편의 역할은 아내를 긍휼히 여기는 마음으로 사랑하고 늘 기도해야 함.

"남편들아 이와 같이 지식을 따라 너희 아내와 동거하고 그를 더 연약한 그릇이요 또 생명의 은혜를 함께 이어받을 자로 알아 귀히 여기라 이는 너희 기도가 막히지 아니하게 하려 함이라" (벧전 3:7)

(4) 아내는 말씀대로 살지 않는 남편에게조차 순종하고, 소박한 단장으로 경건하게 생활해야 함.

베드로전서 3장 1-6절 "아내들아 이와 같이 자기 남편에게 순종하라 이는 혹 말씀을 순종하지 않는 자라도 말로 말미암지 않고 그 아내의 행실로 말미암아 구원을 받게 하려 함이니 너희의 두려워하며 정결한 행실을 봄이라 너희의 단장은 머리를 꾸미고 금을 차고 아름다운 옷을 입는 외모로 하지 말고 오직 마음에 숨은 사람을 온유하고 안정한 심령의 썩지 아니할 것으로 하라 이는 하나님 앞에 값진 것이니라 전에 하나님께 소망을 두었던 거룩한 부녀들도 이와 같이 자기 남편에게 순종함으로 자기를 단장했나니 사라가 아브라함을 주라 칭하여 순종한 것같이 너희는 선을 행하고 아무 두려운 일에도 놀라지 아니하면 그의 딸이 된 것이니라"의 말씀을 보면, 그리스도인의 부부관계는 하나님께서 창조하신 질서대로 남편을 주님으로 생각하여 섬기고 남편도 아내를 주님을 사랑하는 것처럼 아끼고 경건히 섬겨야 한다는 것을 성경은 말씀하고 계신다. 그러나 이것이 살면서 얼마나 어려운가? 인간은 이 관계를 잘 유지하기 힘들다. 그러므로 늘 주 안에서 예배함으로써 참고 기다리며 긍휼히 여기는 마음으로 생활하면서 서로의 얼굴을 주님으로 얼굴로 대체하며 살아가야 할 것이다.

<남녀 관계>

고린도전서 11장 3, 8-9, 12절 **"남자의 머리는 그리스도요 여자의 머리는 남자요 그리스도의 머리는 하나님이시라 남자가 여자에게서 난 것이 아니요 여자가 남자에게서 났으며 또 남자가 여자를 위하여 지음을 받지 아니하고 여자가 남자를 위하여 지음을 받은 것이니 여자가 남자에게서 난 것같이 남자도 여자로 말미암아 났으나 모든 것이 하나님에게서 났느니라"**에서 남자와 여자의 관계를 분명하게 말씀하고 계신다. 머리는 몸의 모든 것을 이끄는 것이고 가장 중요한 기능을 하기에 머리로써 관계의 정체성을 설명하고 있다. 즉 아담과 이브의 탄생과 가정을 이루는 것에 명확히 질서가 있고, 그것이 지켜져야 한다는 것이다. 그러나 남자가 머리이기에 여자를 손이나 발이라 업신여긴다면 손과 발이 따로 놀게 되고 몸은 불편해지고 무질서해지니, 엉망이 될 수 있다는 것을 명심해야 한다. 태초에 남자에게서 여자를 지으셨지만, 선악과의 죄로 인해 얻은 해산의 고통에 따라 여자가 남자를 낳게 되어 서로 순환하게 되는 관계의 질서가 새로 첨가되었다. 그러므로 높고 낮음을 따지기보다는, 하나님께서 주신 각자의 은사와 능력을 합하여 선을 이루도록 살아가는 것이 가정의 평안과 기쁨을 얻는 비결일 것이다.

12장 21-23절 "눈이 손더러 내가 너를 쓸데없다 하거나 또한 **머리가 발더러 내가 너를 쓸데없다 하거나 하지 못하리라 이뿐 아니라 몸의 더 약하게 보이는 지체가 도리어 요긴하고 우리가 몸의 덜 귀히 여기는 그것들을 더욱 귀한 것들로 입혀주며 우리의 아름답지 못한 지체는 더욱 아름다운 것을 얻고**"에서 보듯, 힘이 연약한 여자가 더 강할 때가 있고, 겉으로 강한 남자가 속으로 더 연약할 때가 있으며, 몸과 마음이 힘든 자가 정상인보다 더 크고 아름다운 일을 할 수 있음을 잊지 말아야 하듯이, 남자와 여자는 서로 도와주고 아껴주고 받아주며 같은 곳을 바라보고 주 안에서 살아가는 것이 가장 정답에 가까운 관계라 할 것이다.

<성도 간의 관계>

요한복음 21장 18-22절 "내가 진실로 진실로 네게 이르노니 젊어서는 네가 스스로 띠 띠고 원하는 곳으로 다녔거니와 늙어서는 네 팔을 벌리리니 남이 네게 띠 띠우고 원치 아니하는 곳으로 데려가리라 이 말씀을 하심은 베드로가 어떠한 죽음으로 하나님께 영광을 돌릴 것을 가리키심이러라 이 말씀을 하시고 베드로에게 이르시되 나를 따르라 하시니 베드로가 돌이켜 예수의 사랑하시는 그 제자가 따르는 것을 보니 그는 만찬석에서 예수의 품에 의지하여 주여 주를 파는 자가 누구오니이까 묻던 자러라 이에 베드로가 그를 보고 예수께 여짜오되 주여 이 사람은 어떻게 되겠삽나이까 예수께서 가라사대 내가 올 때까지 그를 머

물게 하고자 할지라도 네게 무슨 상관이냐 너는 나를 따르라 하시더라"
에서 성도간의 관계의 비밀을 알려 주신다.

　이 말씀 이전에 15절부터 보면, 예수께서 베드로에게 같은 질문
을 세 번 하신다. **"요한의 아들 시몬아 네가 이 사람들보다 나를 더 사
랑하느냐",** 이것은 네가 세상적이 아닌 예수님의 뜻대로 살다가 네
팔을 벌려 십자가에 거꾸로 매달려 죽게 되어도 나를 부인하지 않
겠는지 물어보고 계시는 장면이다. 그런데 베드로는 예수가 사랑
하시던 제자 요한이 뒤를 따르는 것을 보고 만찬 자리에서 "주를
파는 자가 누구냐"고 묻던 "요한은 어찌 되겠습니까" 하고 질문하
고 있다. 이것은 아마도 질투심과 자기 죽음과 요한의 앞날이 어
찌 다른지 알고 싶어 하는 호기심의 발동에서였을 것이다. 그러나
예수께서는 우문현답을 하신다. 즉 재림 때까지 요한이 살아 있든
아니든 베드로와는 아무 상관이 없으니 "너는 나만 따르면 된다"
고 답을 주신다.

　우리는 살면서 내 옆에 있는 사람, 상사, 나보다 잘나가는 사람
의 앞날을 궁금해 하는데, 이것이 자기 앞날과 밀접하다고 생각하
기 때문일 것이다. 하지만 사실 아무 상관이 없다는 것을 지나보
면 알게 된다. 예수님의 3대 제자인 베드로, 요한, 야고보는 서로
선택받은 것에 대해 자부심을 느끼면서도, 예수님 다음의 2인자가
되려고 경쟁심이 있었을 것이다. 같은 이유로 베드로의 이 질문이
나온 것이다. 주님께서 각자에게 주신 은사와 달란트가 있음을 명
심하고, 다른 누구를 주님보다 더 따르거나 의지하거나 복종하지
말고 자신에게 주어진 사명을 위해 성도 간에 존중과 협력하는 마

음으로 살아가는 것이 주님의 가르침일 것이다.

<불신자와의 관계>

우리는 믿지 않는 자와 어떤 관계를 맺어야 할까? 우리는 불신 자에게 주님의 복음을 전하는 사명을 갖게 되는데, 과연 우리의 행동은 어찌해야 할까? 고린도후서 6장 14-18절 **"너희는 믿지 않는 자와 멍에를 함께 메지 말라 의와 불법이 어찌 함께하며 빛과 어둠이 어찌 사귀며 그리스도와 벨리알이 어찌 조화되며 믿는 자와 믿지 않는 자가 어찌 상관하며 하나님의 성전과 우상이 어찌 일치가 되리요 우리는 살아 계신 하나님의 성전이라 이와 같이 하나님께서 이르시되 내가 그들 가운데 거하며 두루 행하여 나는 그들의 하나님이 되고 그들은 나의 백성이 되리라 그러므로 너희는 그들 중에서 나와서 따로 있고 부정한 것을 만지지 말라 내가 너희를 영접하여 너희에게 아버지가 되고 너희는 내게 자녀가 되리라"** 에서는 멍에, 즉 세상의 짐을 같이 지지 말라고 한다. 그들에게 복음을 전하고 그들을 위한 중보기도를 하지만, 그들과 세상적 방법으로 함께 살아가면 안 된다는 뜻이리라. 벨리알은 『레메게톤』(솔로몬 왕이 하나님의 힘과 자신의 지혜를 합해 72명의 악마들을 봉인한 책 이름)에 나오는 악마로서 아름다운 천사의 모습으로 불의 전차를 타고 나타나며 인간에게 사회적 지위를 얻게 해준다. 루시퍼 다음에 창조되었다고도 하는데, 중세 유럽인들에게는 최고의 악마 중 하나로서 기독교와는 절대로 조화되지 않는 존재로 여겨졌다. 밀턴의 『실낙원』에는 하늘에서 떨어진 천사 중 그와 같이 음란하고 악덕을 위한 악덕을 사랑하는 쾌씸한 자는 없었다고 되어 있다. 우리가 복음을 전하고 불신자들이 회개하고 돌아오기 위해서는 하나님의 역사가 일어나야 한다. 즉 주님의 허락이 있어야 하니, 우리가 전도했다고 자랑할 것이 없다는 것이다. 우리는 전할 것만 전하고 불신자들과 거리를 두어야 하며, 불의나 부정과 상존해서는 안 된다는 것이다.

또한 불신자의 포괄적 범위에는 잘못 믿는 자와 적그리스도, 거짓 선지자들도 포함된다고 할 수 있겠다. 하나님의 백성이 된다는 것은 우리가 되겠다고 의도해서 만들어지는 것이 아니고, 말씀과 기도로 무장되어 백성이 되고자 노력할 때 주님께서 선택하여 인정하신다는 것을 깨달아야 한다. 로마서 12장 9-18절 "사랑에는 거짓이 없나니 악을 미워하고 선에 속하라 **형제를 사랑하여** 서로 우애하고 **존경하기를** 서로 먼저 하며 **부지런**하여 게으르지 말고 열심을 품고 주를 섬기라 소망 중에 즐거워하며 환난 중에 참으며 기도에 항상 힘쓰며 **성도들의 쓸 것을 공급**하며 손 대접하기를 힘쓰라 너희를 **박해하는 자를 축복하라** 축복하고 저주하지 말라 즐거워하는 자들과 함께 즐거워하고 우는 자들과 함께 울라 서로 마음을 같이하며 높은 데 마음을 두지 말고 도리어 **낮은 데 처하며 스스로 지혜 있는 체하지 말라** 아무에게도 악을 악으로 갚지 말고 모든 사람 앞에서 선한 일을 도모하라 할 수 있거든 너희로서는 모든 사람과 더불어 **화목하라**"고 우리가 해야 할 바를 구체적으로 말씀하신다.

주님, 우리가 가족에 얽매이고 친척, 친구에 속박되어 세상에 사로잡혀 살지 않는 것이 율법에 얽매이지 않고 믿음으로 의를 찾아 사는 것이니, 가정의 질서와 관계가 회복될 수 있도록 저희를 더 단련시켜 주시고, 모든 남자와 여자가 자기 생각만을 주장하지 않고 하나가 되게 하사, 주님이 주시는 평강을 누리며 갈등과 불화가 없는 세상을 만들도록 인도하여 주십시오. 세상을 살다 보면 주위 사람을 쳐다보고 의지하여 살려고 하는 마음을 어찌할 수 없지만, 이것은 '합력하여 선을 이루라'는 것이지, 그 이상이 아니라는 것을 깨닫게 하사, 사람을 우상 숭배하지 않도록 저희를 주님의 뜻이 있는 선한 길로 이끌어 주소서. 아멘.

찬양 : 회복시키소서, 누군가 널 위해 기도하네

결혼관

구약 시대의 결혼을 통해 우리에게 시사점을 주는 말씀이 창세기 6장 2-4절에 나온다. "하나님의 아들들이 사람의 딸들의 아름다움을 보고 자기들의 좋아하는 모든 자로 아내를 삼는지라 여호와께서 가라사대 나의 영이 영원히 사람과 함께하지 아니하리니 이는 그들이 육체가 됨이라 그러나 그들의 날은 일백이십 년이 되리라 하시니라 당시에 땅에 네피림이 있었고 그 후에도 하나님의 아들들이 사람의 딸들을 취하여 자식을 낳았으니 그들이 용사라 고대에 유명한 사람이었더라"는 말씀을 보면, 노아의 홍수가 일어나기 전, 하나님의 아들들이 사람의 딸들을 아내로 맞이했다는 구절에서 '과연 하나님의 아들이 누구인가?'라는 의문이 생길 수밖에 없다. 크게 두 가지 설이 있다. 하나는 타락한 천사가 지상으로 내려온 것이고, 또 하나는, 하나님의 아들은 아담의 아들 셋의 자손이고, 사람의 딸은 가인의 자손으로 보는 견해이다. 어쨌든 하나님의 영이 사람의 육체가 되어 살 수 있는 수명이 120살이라 하니, 모세의 수명과도 같고 최근 과학적으로도 가능하다고 한다.

네피림(Nephilim)은 히브리어에서 '떨어지다'라는 뜻으로, 민수기 13장 33절 **"거기서 또 네피림 후손 아낙 자손 대장부들을 보았나니 우리는 스스로 보기에도 메뚜기 같으니 그들의 보기에도 그와 같았을 것이니라"**에서 가나안을 정찰하고 돌아온 이스라엘 부대가 그곳에서 네피림 종족을 보았으며, 아낙(Anak)의 자손들이 그들에게서 비롯되었다는 말을 퍼뜨렸다고 적혀 있다. 신명기 1장 28절 **"우리가 어디로 갈꼬 우리의 형제들이 우리로 낙심케 하여 말하기를 그 백성은 우리보다 장대하며 그 성읍은 크고 성곽은 하늘에 닿았으며 우리가 또 거기서 아낙 자손을 보았노라 하는도다"**에서는 이스라엘인들이 아모리인의 산악지대로 들어가기를 두려워하며 그곳 주민들은 자신들보다 훨씬 키가 크고 숫자도 많으며 성벽도 높고 아낙의 후손들도 있다고 말했다는 내용이 전해진다. 선한 사람들과 타락한 사람들이 만나 결혼하면 네피림과 같은 비정상적 아이를 낳을 수 있다는 것이 이 구절의 가르침이 아닐까 생각한다. 네피림의 탄생과 함께 인간들이 더 타락하게 되고 노아의 홍수가 발생될 수밖에 없게 된 것이다. 그러므로 신자는 하나님을 경외하고 믿는 사람들끼리 결혼해야 정상적인 삶으로 출발할 수 있다. 물론 안 믿는 사람과 결혼하여 복음을 전파하는 것이 사명일 수 있지만, 아마도 네피림처럼 더 타락할 가능성이 높을 것이다.

한편, 바벨론 식민지에서의 결혼에 대한 말씀은 에스라 10장 10-12절 "제사장 에스라가 일어나 그들에게 이르되 너희가 범죄하여 **이방 여자를 아내로 삼아 이스라엘의 죄를 더하게 했으니** 이제 너희 조상들의 하나님 앞에서 **죄를 자복하고 그의 뜻대로 행하여 그 지방 사람들과 이방 여인을 끊어버리라** 하니 모든 회중이 큰 소리로 대답하여 이르되 당신의 말씀대로 우리가 마땅히 행할 것이니이다"에 나타난다. 에스라는 느헤미야와 함께 이스라엘 성전 건축과 신앙 부흥 운동을 이끌었는데, 특히 이방인들과의 혼인으로 인해 이방신을 우상 숭배하는 죄를 없애고 회개하여 하나님만을 경배하며 신앙생활할 것을 강조했다. 10장 18-44절을 보면, 이방인들과 결혼한 이스라엘 백성들의 이름을 일일이 거명하여 기록한바, 잘못된 일을 행하면 성경과 같은 책에 기록되어 영원히 지워지지 않는 흔적이 남게 됨을 잊지 말고, 악한 길이 아닌 선한 길로 가야 할 것이다. 식민지 시대인 당시 하나님의 백성들은 믿음이 있었기에 수수한 옷차림에 단정한 태도로 경건하게 살려고 했을 것이고, 페르시아 제국에 빌붙어 사는 귀족이나 방백들의 자녀들은 오늘날의 배꼽티나 야한 옷을 입고 온갖 장신구를 붙이고 다니는 사람들처럼 섹시하게 보이는 이방인들을 본능적으로 선호하고 유혹받았을 것이라 추측된다. 이렇듯 역사의 반복성을 통해 지혜를 얻어야 할 것이다.

일제강점기에 독립 운동하는 애국지사들을 반대하고 핍박했던 친일파들이 일본 여인들과 혼인하거나 관계 맺었던 사실이 이스라엘 역사에서도 나타났다. 악의 무리는 시대를 초월하여 잔인한 방법과 유혹적 수단을 통해 사람들을 타락시키고 있다는 것을 기억해야 할 것이다. 이방신을 믿는다는 것은 세상적 방법으로 사치와 낭비를 즐기고 쾌락적인 것과 세상 권력·부·명예만을 좇는 삶을 사는 것이다. 그러므로 자식을 키우는 엄마나 가정을 이끄는 아빠의 생각과 행동이 자손 대대로 이어지면서 가정의 타락이 대물림되는 것이다. 그러나 이방인의 착하고 순종적인 여인을 아내로 맞아 예수님의 족보에 오른 사람도 있으니, 모든 것을 흑과 백으로 논할 수는 없다. 룻기는 B.C. 11세기 말경에 작성된 것으로 추정되므로, 지금으로부터 3100여 년 전의 일이다. 가나안에 기근이 들어 모압 땅(요단강 동편)으로 이주했지만 거기서 남편과 자식을 잃은 나오미는 며느리인 룻(친구라는 뜻)을 데리고 고향으로 돌아오면서 이야기는 시작된다. 모압 족속은 롯과 첫째 딸의 후손으로, 이스라엘과 자주 전쟁을 하는 관계이다. 그런데도 먹고살기 위해 그곳으로 이주한 것은 나오미의 신앙 정도를 간접적으로 보여 준다. 하지만 가난한 상태로 돌아온 뒤 회개하고 구원받았기에, 자기 직계는 아니지만 며느리를 통해 예수님의 족보상에 들어갈 수 있었을 것이다.

룻기 3장 7-10절 **"보아스가 먹고 마시고 마음이 즐거워서 가서 곡식단 더미 곁에 눕는지라 룻이 가만히 가서 그 발치 이불을 들고 거기 누웠더라 밤중에 그 사람이 놀라 몸을 돌이켜본즉 한 여인이 자기 발치에 누웠는지라 가로되 네가 누구뇨 대답하되 나는 당신의 시녀 룻이오니**

당신의 옷자락으로 시녀를 덮으소서 당신은 우리 기업을 무를 자가 됨이니이다 가로되 내 딸아 여호와께서 네게 복 주시기를 원하노라 **네가 가난하건 부하건 젊은 자를 따르지 아니했으니 네가 베푼 인애가 처음보다 나중이 더하도다** 내 딸아 두려워 말라 내가 네 말대로 네게 다 행하리라 네가 현숙한 여자인 줄 나의 성읍 백성이 다 아느니라"는 말씀에서 보아스는 '힘이 있음'이란 뜻으로, 사사 시대 베들레헴 출신의 부유한 지주이자 나오미의 남편과 친족 관계이며 연장자라고 본다. 그는 룻이 자기 밭에서 일하는 것을 보고 마음에 들어 보리를 선물로 주고, 기분이 좋아 술 한 잔을 걸친 후 잠이 들었다. 이런 상황에서 룻이 나오미가 시키는 대로 순종하여 그의 발아래에 가서 기업 무를 자(구속자로서 보호자의 의미)가 되기를 원한 것은 보아스의 여자가 되겠다는 청혼의 뜻이다. 그 당시 젊은이들을 딸이나 아들로 불렀으니, 두 사람의 나이 차가 적어도 20살을 넘었을 것으로 추측된다. 형사취수제도로써 형이 죽으면 직계 동생, 방계 친족 순으로 여자를 취하여 기업 무를 자가 되는 것이 당시 관례인 바, 여자가 남자의 발치 아래 눕는 것으로 자기를 위탁하는 것이 저돌적인 여성의 행위는 아닌 것이다. 보아스도 룻을 좋게 보았고 마음에 두고 있었기에, 조카 며느리격인 젊은 처자를 받아들이게 되었다. 그럼으로써 둘 다 성경에 이름을 남기게 되었다. 모압 여자가 남편을 잃고 어려움 속에서 홀로 된 시어머니와 함께 남편의 고향에 같이 산다는 것은 하나님을 경외하고 부모에게 순종하는 마음으로 이전에 믿던 이방신에서 개종한 것이라고 볼 수 있다. 그 결과 자신의 고난을 위로하고 도와주는 나이 많은 보아스를 만날 수 있었고, 그로써 다윗의 증조모가 될 수 있었던 것이다.

또 다른 사례로 다윗과 밧세바의 예를 들 수 있다. 시편 51편 3-4, 7, 9-10절을 연속해서 읽어보면, **"무릇 나는 내 죄과를 아오니 내 죄가 항상 내 앞에 있나이다** 내가 주께만 범죄하여 주의 목전에 악을 행했사오니 주께서 말씀하실 때에 의로우시다 하고 주께서 심판하실 때에 순전하시다 하리이다 **우슬초로 나를 정결하게 하소서** 내가 정하리이다 나의 죄를 씻어주소서 내가 눈보다 희리이다 주의 얼굴을 내 죄에서 돌이키시고 내 모든 죄악을 지워주소서 하나님이여 **내 속에 정한 마음을 창조하시고 내 안에 정직한 영을 새롭게 하소서"**라는 구절은 다윗이 밧세바와 동침한 후 나단 선지자가 와서 죄를 지적하여 회개하며 지은 시이다. 진심으로 회개하면 하나님께서 그 죄를 더 이상 묻지 않으시고, 복을 내리사 지혜의 아들 솔로몬을 얻게 하시고 다윗의 이름을 높이셨다. 회개의 능력이 얼마나 크고 고귀한 것인지를 알게 하는 것이다. 내 죄가 내 앞에 있다는 것은 죄가 나를 유혹하여 나는 늘 죄를 짓고 살아가기에 주님 없이는 항상 죄인이다. 그러니 주의 심판을 원망하지 않고 죄의 대가를 달게 받겠다는 심정을 표현한 것이다.

우슬초는 식물 줄기에 있는 마디의 형상이 소의 무릎과 유사하다고 하여 '쇠무릎'이라고도 불리는 약재로, 무릎 질환(주로 관절염)을 치료하는 데 현저한 효과가 인정되며, 허리와 다리가 무겁고 통증을 느끼며 때로 근육 경련이 있을 때에 많이 활용된다. 출애굽 시대 유월절에 우슬초로 어린 양의 피를 묻혀 문설주에 바른 것은 정결케 하는 의미가 있다. 출애굽기 12장 22절 **"우슬초 묶음을 가**

져다가 그릇에 담은 피에 적셔서 그 피를 문 인방과 좌우 설주에 뿌리고 아침까지 한 사람도 자기 집 문 밖에 나가지 말라"에서 표현되고 있다. 또한 레위기 14장 51절 "백향목과 우슬초와 홍색 실과 살아 있는 새를 가져다가 잡은 새의 피와 흐르는 물을 찍어 그 집에 일곱 번 뿌릴 것이요"에서 나병과 같은 부정한 것에 우슬초를 사용한 것이 실려 있다. 죄가 사해진 후에는 항상 정직하게 성령과 함께 살아야 하며 똑같은 죄를 반복해서는 안 될 것이다.

요즘 이혼율이 50%에 육박한다고 하는데, 성경이 이혼에 대해 어떻게 말씀하는지 살펴보자. 마태복음 19장 9-12절 "누구든지 음행한 연고 외에 아내를 내어버리고 다른 데 장가드는 자는 간음함이니라 제자들이 가로되 만일 사람이 아내에게 이같이 할진대 장가들지 않는 것이 좋겠나이다 예수께서 가라사대 사람마다 이 말을 받지 못하고 오직 타고난 자라야 할지니라 어미의 태로부터 된 고자도 있고 사람이 만든 고자도 있고 천국을 위하여 스스로 된 고자도 있도다 이 말을 받을 만한 자는 받을지어다"에서 예수께서 음행하지 아니하면 이혼할 수 없음을 명확히 말씀하신다. 천국 가기 위해서는 정욕을 참고 스스로 고자 된 것같이 살아야 하는데, 자위행위도 간음에 해당한다는 것을 잊지 말아야 한다. 마태복음 5장 28절에 "나는 너희에게 이르노니 음욕을 품고 여자를 보는 자마다 마음에 이미 간음했느니라"에서 볼 때 행동하지 않고 생각만 해도 간음한 것이 된다. 마가복음 10장 7-9절을 보면 이혼은 절대 해서는 안 되는 것으로 가르치신다. "사람이 그 부모를 떠나서 그 둘이 한몸이 될지니라 이러한즉 이제 둘이 아니요 한몸이니 그러므로 하나님이 짝지어주신 것을 사

람이 나누지 못할지니라 하시더라" 로마서 7장 2-3절에서 아내가 음부가 되는 경우에 대한 정의도 내려 주신다. "남편 있는 여인이 그 남편 생전에는 법으로 그에게 매인 바 되나 만일 그 남편이 죽으면 남편의 법에서 벗어났느니라 그러므로 만일 그 **남편 생전에 다른 남자에게 가면 음부라** 이르되 남편이 죽으면 그 법에서 자유케 되나니 다른 남자에게 갈지라도 음부가 되지 아니하느니라"는 말씀이 그것이다. 고린도전서 7장 8-15절 "내가 혼인하지 아니한 자들과 및 과부들에게 이르노니 나와 같이 그냥 지내는 것이 좋으니라 **만일 절제할 수 없거든 혼인하라** 정욕이 불같이 타는 것보다 혼인하는 것이 나으니라 혼인한 자들에게 내가 명하노니(명하는 자는 내가 아니요 주시라) 여자는 남편에게서 갈리지 말고(**만일 갈릴지라도 그냥 지내든지 다시 그 남편과 화합하든지 하라**) 남편도 아내를 버리지 말라 그 남은 사람들에게 내가 말하노니(이는 주의 명령이 아니라) 만일 어떤 형제에게 믿지 아니하는 아내가 있어 남편과 함께 살기를 좋아하거든 저를 버리지 말며 어떤 여자에게 믿지 아니하는 남편이 있어 아내와 함께 살기를 좋아하거든 그 남편을 버리지 말라 믿지 아니하는 남편이 아내로 인하여 거룩하게 되고 믿지 아니하는 아내가 남편으로 인하여 거룩하게 되나니 그렇지 아니하면 **너희 자녀도 깨끗지 못하니라** 그러나 **이제 거룩하니라 혹 믿지 아니하는 자가 갈리거든 갈리게 하라** 형제나 자매나 이런 일에 구속 받을 것이 없느니라 그러나 하나님은 화평 중에서 너희를 부르셨느니라"는 말씀은 혼자 사는 것이 좋지만 99%의 사람은 불가능하니 정욕으로 죄짓는 것보다 혼인하는 것이 낫고, 서로를 버리지 말고 참고 살아야 하며, 서로를 구원하는 역할을 하여 거룩하게 될 수 있도록 힘써야 하지만 비신자의 이혼은 상관하지 말라는 뜻이다.

구약인 말라기 2장 15-16절에서도 첫 결혼 상대에게 궤사(악한 음모나 거짓된 행동)를 하지 말라고 분명히 말씀하신다. **"네 심령을 삼가 지켜 어려서 취한 아내에게 궤사를 행치 말지니라 이스라엘의 하나님 여호와가 이르노니 나는 이혼하는 것과 학대로 옷을 가리우는 자를 미워하노라"**는 말씀이 그것이다. 성경에서 말하고 있는 이혼에 대한 구절을 통해, 결혼하지 않는 것이 좋지만 결혼하면 반드시 부부로 서의 책임을 지고 올바른 관계를 유지해야 하며, 고린도전서 7장 5절 **"서로 분방하지 말라 다만 기도할 틈을 얻기 위하여 합의 상 얼마 동안은 하되 다시 합하라 이는 너희가 절제 못 함으로 말미암아 사탄이 너희를 시험하지 못하게 하려 함이라"**는 말씀처럼 당분간 떨어져 있지만 나중에는 화합해야 한다. 사별하면 재혼을 해도 된다(바울의 생각)고 하나, 예수님은 이혼을 허락지 않으셨고 재혼은 언급하지 않았음을 명심해야 한다.

주님, 인류 역사 속에서 혼인이라는 제도가 갖는 모순과 진정한 의미를 깨닫게 하시고 가정 내 가장 근본이 되는 부부관계가 너무 열악한 가운데, 늘 알게 모르게 짓는 죄를 회개의 기도로 용서하심에 감사하며, 반복의 죄를 짓지 않도록 정직한 영께서 함께하시어 부부관계를 회복시키는 지혜를 주시고, 성경 말씀에 입각한 순결하고 거룩한 결혼관을 통해 하나님 자녀 간의 교제와 사랑으로 아름다운 열매 맺는 가정들이 많이 생겨나도록 인도하여 주소서. 아멘.

찬양 : 완전한 사랑, 보아라 즐거운 우리 집

십자가의 지혜

성경 속에 표현되는 지혜와 관련된 구절들을 살펴보면, 고린도 전서 1장 18-21절 "십자가의 도가 멸망하는 자들에게는 미련한 것이요 구원을 받는 우리에게는 하나님의 능력이라 기록된바 내가 지혜 있는 자들의 지혜를 멸하고 총명한 자들의 총명을 폐하리라 했으니 지혜 있는 자가 어디 있느냐 하나님께서 이 세상의 지혜를 미련하게 하신 것이 아니냐 하나님의 지혜에 있어서는 이 세상이 자기 지혜로 하나님을 알지 못하므로 하나님께서 전도의 미련한 것으로 믿는 자들을 구원하시기를 기뻐하셨도다"와 같이 십자가나 전도는 세상 사람들에게는 미련하고 바보 같은 것이라고 생각되나, 하나님께서는 세상에서 성공하고 돈·명예·권력을 쥐고 사는 것을 멸하시고 십자가와 복음 전파에 충성하는 사람들을 복 있는 자라 칭하신다.

25절 "하나님의 어리석음이 사람보다 지혜롭고 하나님의 약하심이 사람보다 강하니라"에서 정말로 하나님과 인간의 능력의 차이를 명확히 이야기하고 있다. 27-29절과 31절 "그러나 하나님께서 세상의 미련한 것들을 택하사 지혜 있는 자들을 부끄럽게 하려 하시고 세상의 약한 것들을 택하사 강한 것들을 부끄럽게 하려 하시며 하나님께서 세상의 **천한 것들과 멸시 받는 것들과 없는 것들을 택하사** 있는 것들을 폐하려 하시나니 이는 아무 육체도 하나님 앞에서 자랑하지 못하게 하려 하심이라 자랑하는 자는 주 안에서 자랑하라 함과 같게 하려 함이라"에서 하나님께서 세상을 이기는 방법은 세상적 생각과는 완전히 달리 "미련하고 약하며 천하고 멸시받으며 없는 사람"을 통해 세상의 강한 자들을 심판받게 하시며, 그 일에 대한 간증이 주님 안에서 전파됨을 허락하신다. 믿는 자들 사이에서도 남이 간증할 때 자기 자랑을 한다고 시기나 비판을 하는 경우가 있는데, 이것은 비성경적인 것이다. 주님 안에서는 자랑할 수 있다. 설령 인간 이기에 자기 자랑이 보태진다 해도, 그 속에서 주님이 우리에게 보여주시는 요점을 잡고 주님 뜻대로 살고자 하는 마음을 갖는 것이 신자의 갈 길이다.

예수님께서 어리석음에 대답하지 않는 장면을 요한복음 19장 9-11절 **"다시 관정에 들어가서 예수께 말하되 너는 어디로부터냐 하되 예수께서 대답하여주지 아니하시는지라 빌라도가 이르되 내게 말하지 아니하느냐 내가 너를 놓을 권한도 있고 십자가에 못 박을 권한도 있는 줄 알지 못하느냐 예수께서 대답하시되 위에서 주지 아니하셨더라면 나를 해할 권한이 없었으리니 그러므로 나를 네게 넘겨준 자의 죄는 더 크다 하시니라"**에서 볼 수 있다. 예수께서 법정과 같은 곳에서 대답하지 않으신 것은 할 가치가 없기 때문일 것이다. 당시 예수님을 의심하고 정죄하려는 자리에서 굳이 대답한다면, 그들은 변명하며 더욱 치사하게 대응할 것을 이미 알고 계셨기 때문이다. 이것은 우리가 악·부정과의 싸움에서 어찌 행동해야 하는가를 알려 주시는 대목이다. 중재자를 자처하며 재판관 역할을 하는 빌라도는 자기의 권한을 내세우며 자기에게 잘 보이라고 유혹하는데, 이것은 우리가 세상 살면서 자주 겪게 되는 상황이다. 자기 이익을 위해 대답을 회피하는 것과 공의를 위해 대답하지 않는 것은 큰 차이가 있음을 알아야 한다. 예수님의 대답은 정말 공의롭고 우리 성도들이 본받아 행해야 할 태도이다. 그분의 지혜로움을 닮기 위해 더욱 열심히 신앙생활에 정진해야, 황당한 상황이 생겨도 극복할 수 있는 지혜를 얻게 되는 것이다. 우리가 세상을 향해 주님의 뜻과 사랑을 전파하고 공의로 나가도록 권유하지만, 그들은 우리를 적반하장 격으로 죄인 취급하려는 것이 예나 지금이나 똑같다. 그렇기에 그곳을 떠나 그들이 돌아오도록 중보기도를 계속하는 것만이 우리가 할 수 있는 행위가 될 것이다.

타인으로부터의 충고를 받아들이는 지혜의 예가 출애굽기 18장 19-22절 "이제 내 말을 들으라 내가 그대에게 방침을 가르치리니 하나님이 그대와 함께 계실지로다 그대는 또 온 백성 가운데서 **재덕이 겸전한 자 곧 하나님을 두려워하며 진실무망하며 불의한 이를 미워하는 자를 빼서 백성 위에 세워 천부장과 백부장과 오십부장과 십부장을 삼아** 그들로 때를 따라 백성을 재판하게 하라 무릇 큰 일이면 그대에게 베풀 것이고 무릇 작은 일이면 그들이 스스로 재판할 것이니 그리하면 그들이 그대와 함께 담당할 것인즉 일이 그대에게 쉬우리라"에 나온다.

모세의 장인 이드로(르우엘)는 미디안의 제사장이다. '하나님의 친구'라는 뜻의 '르우엘'은 본명이고 '이드로'는 사제(司祭) 또는 족장 신분을 밝혀주는 이름이다. 모세가 하나님의 소명을 받았을 때 이드로는 모세가 애굽으로 되돌아가는 것을 허락했다. 출애굽하여 나온 모세를 광야에서 만난 이드로는 그동안의 행적을 듣고 하나님을 찬양하며 희생 제물을 드렸고, 모세를 도와 행정과 재판 조직을 갖추는 데 결정적인 역할을 했다. 광야에서 모든 일을 모세가다 맡아 하기 때문에 일을 제대로 처리하지 못하고 있어서, 일이효율적으로 진행되지 않아 백성들이 많은 불편을 겪고 있었다. 이때문에 불평이 나오며, 모세 자신도 맡은 일이 너무 과중하여 탈진하게 되는 것을 본 이드로는 하나님의 사람인 재덕을 겸전(여러가지를 완전하게 갖춤)한 자를 세우게 한다.

첫째, 하나님을 두려워하는 사람, 즉 하나님을 경외하는 사람을 뜻하는 것으로 신앙과 인간됨의 바탕이 잘되어 있는 지혜로운 사람을 말한다.

둘째, 진실무망한 사람은 하나님이 신실하신 것처럼 그 마음에 진리를 품고 살아가는 사람으로, 선한 것을 선하다 하고 악한 것을 악한 것이라 분별하며 말할 줄 아는 사람으로서, 상황이나 여건에 따라 그 뜻이 변하지 않는 사람이다.

셋째, 불의한 이익을 미워하는 사람은 폭력이나 협박에 의해 뺏은 재물, 합법을 가장한 불의한 이익을 미워하는 사람으로, 자신의 지위를 이용하여 사욕을 챙기지 않고, 뇌물을 주지도 받지도 않는 사람을 말한다.

이런 사람들을 천부장, 백부장, 오십부장, 십부장으로 삼아 조직을 만들고 이스라엘 백성을 다스리고 관리할 수 있게 되니, 이것은 비록 이방인인 장인의 말이라도 귀담아 듣는 열린 귀와 겸손한 마음을 가진 모세가 주는 교훈이라 할 것이다. 조직의 리더가 되고 권력을 잡게 되면 자신의 고정관념과 아집으로 다른 사람의 말을 잘 듣지 않게 된다. 하지만 자신의 귀에 듣기 싫고 입에 쓴 충고가 있다면 이를 위해 기도하여, 그것이 주님의 도우심인지를 확인하여 판단하는 것이 신자의 지혜라 할 것이다.

지혜 있는 여인의 예를 들어보자. 사무엘상 25장 23-26절 "**아비가일이 다윗을 보고 급히 나귀에서 내려 다윗 앞에 엎드려 그의 얼굴을 땅에 대니라 그가 다윗의 발에 엎드려 이르되 내 주여 원하건대 이 죄악을 나 곧 내게로 돌리시고 여종에게 주의 귀에 말하게 하시고 이 여종의 말을 들으소서 원하옵나니 내 주는 이 불량한 사람 나발을 개의치 마옵소서 그의 이름이 그에게 적당하니 그의 이름이 나발이라 그는 미련한 자니이다 내 주의 원수들과 내 주를 해하려 하는 자들은 나발과 같이 되기를 원하나이다**"의 구절에서 나발은 '어리석은'이란 뜻이며 유다 광야 도시 마온에 살던 갈렙 집안사람으로 양을 비롯한 수많은 가축 떼를 가진 거부(巨富)이다. 이 말씀의 장면은 양털 깎는 축제 때 다윗이 부하를 시켜 식량 원조를 요구했으나, 이를 거절하고 다윗을 모욕하다 다윗의 400명 군사에 의해 피의 보복을 당할 위기를 맞았다. 그때 지혜로운 아내 아비가일이 남편 몰래 많은 식량을 가지고 다윗을 찾아가 다윗의 노여움을 풀어 목숨을 부지했다. 하지만 그 후 이 사실을 안 나발은 충격과 두려움에 사로잡혀 쓰러진 뒤 10일 후 사망하고, 그의 아내 아비가일은 훗날 다윗의 아내가 되었다.

아비가일은 '기쁨의 근원', '나의 아버지는 기쁘다'는 뜻으로, 남에게 기쁨을 주는 현명한 여자였다. 자기 남편 나발이 어리석고 부족하다는 것을 잘 알고 있었고 다윗의 공격으로 모든 식구가 다 죽을 것이라는 것도 예견했다. 그랬기에 여자의 몸으로 당당히 다윗 앞에 나가 겸손히 상황을 해결하는 지혜도 갖고 있었다. 모자라지만 부족한 남편과 가족을 살리기 위해 자신의 목숨을 내놓는 용기가 있었고, 사실을 남편에게 솔직히 알리는 진실성도 있었다. 그렇기에 하나님이 알아서 남편을 죽게 하셨다. 당시 남편이 죽은 아내는 재혼할 수 있었기에 다윗과 같은 남편을 만나 둘째 아들 길르압(삼하 3:3)을 낳아 성경에 이름이 오르는 영광을 보게 되었다. 우리도 자기에게 처해진 상황을 직시하고 올바르게 판단하여 대의를 추구하는 삶을 살아야 하는데, 이것은 하나님의 말씀과 뜻에 순종할 때에 가능한 것이다.

남을 정죄하고자 할 때 사용할 수 있는 지혜의 사례는 사무엘하 16장 5-8절에 나온다. "다윗 왕이 바후림에 이르매 거기서 사울의 집 족속 하나가 나오니 게라의 아들이요 이름은 시므이라 저가 나오면서 연하여 저주하고 또 다윗과 다윗 왕의 모든 신복을 향하여 돌을 던지니 그때에 모든 백성과 용사들은 다 왕의 좌우에 있었더라 시므이가 저주하는 가운데 이와 같이 말하니라 피를 흘린 자여 비루한 자여 가거라 가거라 사울의 족속의 모든 피를 여호와께서 네게로 돌리셨도다 그 대신에 네가 왕이 되었으나 여호와께서 나라를 네 아들 압살롬의 손에 붙이셨도다 보라 너는 피를 흘린 자인 고로 화를 자취했느니라". 이 구절에서 시므이는 베냐민 지파로서 사울의 친족이어서 다윗이 왕이 되는 것을 반대한 인물이다. 셋째 아들 압살롬의 반란으로 쫓겨 가는 다윗을 향해 저주의 말을 하는 장면이다. 이제 더 이상 왕도 아니라고 생각하고 겁 없이 얘기하자, 신하들은 이런 시므이를 죽이고자 했다. 그러나 다윗은 주님께 모든 것을 맡기고 그를 살려 준다. 사무엘하 19장 18-20절 **"시므이가 왕의 앞에 엎드려 왕께 고하되 내 주여 원컨대 내게 죄 주지 마옵소서 내 주 왕께서 예루살렘에서 나오시던 날에 종의 패역한 일을 기억하지 마옵시며 마음에 두지 마옵소서 왕의 종 내가 범죄한 줄 아옵는 고로 오늘 요셉의 온 족속 중 내가 먼저 내려와서 내 주 왕을 영접하나이다"**는 구절을 보면, 압살롬의 반란이 진압된 후 귀성하는 다윗에게 시므이가 달려 나와 살기 위한 거짓 회개를 하는 장면이 나온다.

부하는 이런 시므이를 죽이자고 했다. 하지만 다윗은 두 번째로 살려줄 뿐만 아니라 앞으로도 죽이지 않을 것을 맹세한다. 그러나 반전이 일어난다. 다윗이 솔로몬에게 시므이에 대한 유언을 하게 된다. 열왕기상 2장 8-9절 **"바후림 베냐민 사람 게라의 아들 시므이가 너와 함께 있나니 저는 내가 마하나임으로 갈 때에 독한 말로 나를 저주 했느니라 그러나 저가 요단에 내려와서 나를 영접하기로 내가 여호와 를 가리켜 맹세하여 이르기를 내가 칼로 너를 죽이지 아니하리라 했노 라 그러나 저를 무죄한 자로 여기지 말지어다 너는 지혜 있는 사람인즉 저에게 행할 일을 알지니 그 백발의 피를 흘려 저로 음부에 내려가게 하 라"**에서 솔로몬은 아버지의 유언에 따라 시므이와 아래의 약속을 한다. 2장 36-38절 **"왕이 보내어 시므이를 불러서 이르되 너는 예루살 렘에서 너를 위하여 집을 짓고 거기서 살고 어디든지 나가지 말라 너는 분명히 알라 네가 나가서 기드론 시내를 건너는 날에는 정녕 죽임을 당**

하리니 네 피가 네 머리로 돌아가리라 시므이가 왕께 대답하되 이 말씀이 좋사오니 내 주 왕의 말씀대로 종이 그리하겠나이다 하고 이에 날이 **오래도록 예루살렘에 머무니라**"는 구절에서는 솔로몬의 지혜를 엿볼 수 있다. 일정 지역을 벗어나면 죽게 되는 약속을 하는 것은 시므이의 사람됨을 알고 하는 약조인 것이다. 우리는 다른 사람을 정죄할 때 욕하거나 때릴 필요 없이 지혜로운 약조를 하고, 그 약속을 지키지 못할 때의 책임과 벌을 규정해서 스스로 죄에 대한 벌을 받게 하는 것이 하나님의 방법임을 알 수 있다. 결국 시므이는 3년 뒤 도망간 종을 잡기 위해 약속한 곳을 벗어난 것이 탄로남으로써 죽음을 맞이하게 된다(왕상 2:39-46). 정죄에 대한 솔로몬의 지혜는 주님께서 가르쳐 주신 것이고, 명분을 세워 악을 선으로 갚은 훌륭한 사례이다. 이를 통해 우리 신자들이 악인을 정죄할 때 주님의 방법으로 실행해야 하는 것을 알게 하신 것이다.

거만한 자와 지혜 있는 자를 비교한 구절이 잠언 9장 7-11절 "**거만한 자를 징계하는 자는 도리어 능욕을 받고 악인을 책망하는 자는 도리어 흠이 잡히느니라 거만한 자를 책망하지 말라 그가 너를 미워할까 두려우니라 지혜 있는 자를 책망하라 그가 너를 사랑하리라 지혜 있는 자에게 교훈을 더하라 그가 더욱 지혜로워질 것이요 의로운 사람을 가르치라 그의 학식이 더하리라 여호와를 경외하는 것이 지혜의 근본이요 거룩하신 자를 아는 것이 명철이니라 내 지혜로 말미암아 네 날이 많아질 것이요 네 생명의 해가 네게 더하리라**"에 나온다. 우리가 주님의 은혜를 통한 사명을 받고 복음 전파에 힘쓸 때, 하나님을 믿지 않고 세상적으로 사는 사람들을 거만한 자라고 간단히 규정하여,

그들에게 "예수 믿지 않으면 지옥 간다"라든지, "잘못된 삶에 대해 벌을 받게 될 것이다"라는 식으로 우리가 징계하면, 도리어 더 악한 길로 가게 되는 것을 볼 수 있다. 우리가 다른 사람을 징계하기보다는 모든 것을 하나님께 맡기고, 전쟁은 하나님의 몫이라고 한 말씀을 기억해야 한다. 지혜 있는 자는 자신에게 쓴 충언을 마다하지 않고 기쁘게 받아들일 수 있기에 징계하거나 책망해도 괜찮다는 것이다.

어리석고 게으른 자에게는 가르치기보다는 "같이 가자", "함께하자"고 동기를 유발시키는 것이 현명할 것이다. 또 명철하고 부지런한 자는 옳고 그름에 대한 하나님의 뜻을 구하도록 인도하는 것이 모두가 장수하며 하나님이 원하시는 삶을 사는 것이다. 거만하고 어리석은 자에게 온유하게 권유하고 함께 나누지만, 계속 이것을 거부한다면, 함께 살면서 미움과 갈등을 갖기보다 멀리하는 것도 하나의 방법임을 잊지 않는 것이 지혜일 것이다. 마태복음 10장 14절 **"누구든지 너희를 영접하지도 아니하고 너희 말을 듣지도 아니하거든 그 집이나 성에서 나가 너희 발의 먼지를 떨어버리라"**와 고린도전서 5장 11절 **"이제 내가 너희에게 쓴 것은 만일 어떤 형제라 일컫는 자가 음행하거나 탐욕을 부리거나 우상 숭배를 하거나 모욕하거나 술 취하거나 속여 빼앗거든 사귀지도 말고 그런 자와는 함께 먹지도 말라 함이라"**는 말씀을 기억해야 할 것이다.

주님, 자신의 가족이나 주변 사람에 대한 정확한 판단을 할 수 있게 하시고, 위험한 상황에서도 하나님의 지혜를 갖고 현명하게 처신하며 세

상의 부·명예·권세를 부러워하지 않고 멀리하며, 초심을 잃지 않는 기
도와 간구로써 타인으로부터의 충고가 주님의 뜻인지 아닌지를 깨닫
도록 지혜와 분별력을 갖게 하소서. 아멘.

찬양 : 임재, 주가 보이신 생명의 길

거짓된 삶과 분별력

믿음의 조상인 아브라함이 거짓말을 한 경우가 창세기 12장
12-13절에 등장한다. "애굽 사람이 그대를 볼 때에 이르기를 이는 그
의 아내라 하고 나는 죽이고 그대는 살리리니 원컨대 그대는 나의 누이
라 하라 그리하면 내가 그대로 인하여 안전하고 내 목숨이 그대로 인하
여 보존하겠노라 하니라"는 구절에서 기근으로 인해 애굽으로 이동
한 아브람이 자기 아내를 자기 누이라고 속인 것은 그 시대의 이방
인들의 풍습에 따라 아내가 아름다우면 남편을 죽이고 아내를 차
지했기 때문이다. 그런데 실제로는 사촌누이와 결혼한 것이니 완
전한 거짓말은 아니었다. 사래를 취한 바로에게 하나님이 재앙을
내리시므로, 바로가 아브람이 거짓말을 했어도 하나님의 사람으로
여겨 선물을 주어서 내보냈다는 내용이니 놀라울 뿐이다.

아브라함의 두 번째 거짓말은 20장 2-3절 "그 아내 사라를 자기 누

이라 했으므로 그랄 왕 아비멜렉이 보내어 사라를 취했더니 그 밤에 하나님이 아비멜렉에게 현몽하시고 그에게 이르시되 네가 취한 이 여인을 인하여 네가 죽으리니 그가 남의 아내임이니라"에 있다. 그랄은 팔레스타인에서 애굽으로 가는 길로서 지중해 해안 근처에 있던 블레셋 마을이다. 이 지역의 왕이 애굽 왕과 같은 경험을 했고 은·노비·양 등을 선물까지 하며 무사히 그들을 돌려보냈는데, 신기하게도 그의 아들 이삭 역시 그랄에서 아비멜렉을 만나서 똑같이 거짓말을 했으나 죽임 당하지 않고 더 큰 복을 받아 번성했다. 그 이후 블레셋에서는 남의 아내를 탐하면 죽임을 당하는 형벌이 생겨났다(26:7-9). 사실 리브가는 이삭의 사촌 조카뻘이니 완전 거짓말인데도, 하나님은 이방인으로부터 이삭을 살려주시고 많은 복을 내려 주셨다. 2대에 걸친 아브라함과 이삭의 동일한 거짓말은 과연 우리에게 무슨 교훈을 주는가? 하나님의 자녀로 선택받고 복 받는 약속을 받으면 어떤 어려움과 고난도 이길 힘과 지혜를 주신다. 그렇기에 거짓말이 진실보다 더 큰 위력을 발휘하게 되고, 잘못된 이방인의 법이 바뀔 정도로 의가 바로 서게 되니, 하나님의 자녀를 지키시는 사랑과 은혜가 얼마나 크고 놀라운지를 배우게 되는 것이다. 한편 다윗은 이방인들도 폐지했던 남의 아내를 취하는 풍습을 위반해, 자기 욕정을 참지 못하고 우리야의 아내 밧세바를 취했다. 이 죄로 인해 그는 두 아들(압살롬과 아도니야)이 반란을 일으키는 배신과 세바의 역모 등 내란을 겪게 되었음을 상기해야 할 것이다. 결론적으로, 하나님의 뜻과 의를 바로 세우는 곳에는 상황과 필요에 따라 욕정으로 죄를 짓는 권력자들에게 하는 거짓말이 잘못된 세상을 바꾸는 큰 역할도 할 수 있다는 것을 가르치고 계신다.

2500년 전에도 거짓 목자로 살아가면서 자기만 배부르고 자기 가족이나 자기를 따르는 주변 사람만을 챙기는 이기적 목자들이 있었다. 그랬기에 에스겔 34장 2-4절 "**인자야 너는 이스라엘 목자들에게 예언하라 그들 곧 목자들에게 예언하여 이르기를 주 여호와께서 이같이 말씀하시되 자기만 먹는 이스라엘 목자들은 화 있을진저 목자들이 양 떼를 먹이는 것이 마땅하지 아니하냐 너희가 살진 양을 잡아 그 기름을 먹으며 그 털을 입되 양 떼는 먹이지 아니하는도다 너희가 그 연약한 자를 강하게 아니하며 병든 자를 고치지 아니하며 상한 자를 싸매주지 아니하며 쫓기는 자를 돌아오게 하지 아니하며 잃어버린 자를 찾지 아니하고 다만 포악으로 그것들을 다스렸도다**"와 같은 하나님의 말씀의 계시가 있었으리라. 목자가 양을 먹이고 돌봐야 하는데도, 그 양을 잡아먹고 털로 자신만을 따뜻하게 하며, 연약하고 병들며 상한 자를 돌보지 않을 뿐만 아니라, 오히려 폭력과 탄압을 가하고 악용하여 다스리는 자가 되었으니 어찌 통탄하지 않을 수 있겠는가.

교회가 대형화되고 권력과 돈이 집중되면 욕심이 생기고, 욕심이 죄를 잉태하니 선한 목자로 출발했지만 지금은 악하고 거짓된 목자가 되게 마련이다. 10절 "**주 여호와께서 이같이 말씀하시되 내가 목자들을 대적하여 내 양 떼를 그들의 손에서 찾으리니 목자들이 양을 먹이지 못할 뿐 아니라 그들이 다시는 자기도 먹이지 못할지라** 내가 내 양을 그들의 입에서 건져내어서 다시는 그 먹이가 되지 아니하게 하리라"에서 거짓 목자에 대한 하나님의 심판을 예고하신다. 15-16절 "

내가 **친히 내 양의 목자가 되어** 그것들을 누워 있게 할지라 주 여호와의 말씀이니라 그 **잃어버린 자를 내가 찾으며 쫓기는 자를 내가 돌아오게 하며 상한 자를 내가 싸매주며 병든 자를 내가 강하게 하려니와 살진 자와 강한 자는 내가 없애고 정의대로 그것들을 먹이리라"**에서 더 이상 거짓 목자가 판치지 못하도록 친히 목자가 되어 어려운 이웃을 직접 돌보시고 자기가 강하다고 우쭐대는 교만한 자들을 소멸시키고 정의를 세우시겠다는 약속이 지금도 계속 진행 중인 것이다. 진정한 목자는 자신이 목자가 되기보다는 양이 되기를 고집하며, 오직 목자는 하나님 한 분이시기를 믿고 사는 성도이리라. 또한 적그리스도의 실체에 대해 요한계시록 13장 1-14절을 보면, 시탄도 하나님에 버금가는 나쁜 능력을 소유하고 있어, 그리스도로 위장하여 선한 척하며 죽은 상처도 살리고 불을 뿜는 기적도 보이면서 결국 자기를 우상 숭배하라고 유혹한다. 그럼으로써 세상을 혼탁하게 하고 악을 행하는 것이 전형적인 사탄의 모습임을 언급하고 있다. 따라서 적그리스도를 판별하는 가장 정확한 기준은 자신을 메시야라 하고, 우상 숭배하게 하며 모든 재물과 몸을 바치라고 명령함에 있다는 것이다. 잠언에서도 흑암에 사는 악인에 대해 24장 1-2절 **"너는 악인의 형통함을 부러워하지 말며 그와 함께 있으려고 하지도 말지어다 그들의 마음은 강포를 품고 그들의 입술은 재앙을 말함이니라"**라고 경고하신다.

우리는 잘사는 사람이라 하면 보통 경제적으로 부유한 사람을 생각하는데, 죄를 짓지 않고 돈을 많이 벌 수 있을까? 세상이 그렇게 만들어져 있지 않기에, 돈은 선보다는 악과 더 친하고, 정직하면 손해를 보기 마련이다. 따라서 악인이 잘산다고 부러워하거나 그의 주변에 있어 떡고물이라도 받으려 한다면, 그 부유함은 오래가지 못하기에 그 죄가 자신에게도 미치게 될 것이다. 왜냐면 그들의 마음은 몹시 우악스럽고 사나우며, 입술은 천재지변처럼 가혹한 행위를 발생하기 때문이다.

그러나 11절 "너는 사망으로 끌려가는 자를 건져주며 살육을 당하게 된 자를 구원하지 아니하려고 하지 말라"는 것은, 설령 악인이라도 그를 위해 기도하고 회개하고 돌아오기를 주께 간구하라는 뜻일 것이다. 16-19절 "대저 의인은 일곱 번 넘어질지라도 다시 일어나려니와 악인은 재앙으로 말미암아 엎드러지느니라 네 원수가 넘어질 때에 즐거워하지 말며 그가 엎드러질 때에 마음에 기뻐하지 말라 여호와께서 이것을 보시고 기뻐하지 아니하사 그의 진노를 그에게서 옮기실까 두려우니라 너는 행악자들로 말미암아 분을 품지 말며 악인의 형통함을 부러워하지 말라"에서 결국 하나님께서 악인을 어떻게 대해야 하는지 분명하게 말씀하신다. 악인과 함께하지는 않지만 그를 저주하거나 미워해서는 안 되고, 그를 위해 중보기도를 계속하여 구원받을 수 있도록 하는 것이 우리의 의무이며 사명인 것이다.

그럼 이런 적그리스도를 어떻게 분별할 수 있는가? 요한일서 1장 1-3절 "사랑하는 자들아 영을 다 믿지 말고 오직 영들이 하나님께 속했나 시험하라 많은 거짓 선지자가 세상에 나왔음이니라 하나님의 영은 이것으로 알지니 곧 예수 그리스도께서 육체로 오신 것을 시인하는 영마다 하나님께 속한 것이요 예수를 시인하지 아니하는 영마다 하나님께 속한 것이 아니니 이것이 곧 적그리스도의 영이니라 오리라 한 말을 너희가 들었거니와 이제 벌써 세상에 있느니라"는 말씀을 보면 지금처럼 온갖 거짓과 비리와 부정이 판치는 세상에서 주님의 뜻 가운데 살아가기 위해서는 거짓과 참을 구별할 수 있는 지혜가 필요하다. 2천 년 전에도 상황의 차이는 있을지 몰라도, 거짓이 유혹하는 세상이라는 것을 이 구절을 통해 알 수 있다.

　우리가 사람을 만나거나 사물(일)에 대해 판단할 때 진실성을 알아보기 위해 질문하거나 탐구하는 것이 시험하는 과정일 것이다. 이때 참은 예수님의 존재와 삶, 그리고 부활을 믿는지가 합격의 기준이 된다는 것이다. 사두개인처럼 부활을 믿지 않고 바리새인처럼 예수를 박해한다면, 그들이 신도라 할지라도 거짓 성도이며 적그리스도가 된다. 그러므로 우리가 만나는 모든 사람들의 말과 행동을 통해 이런 거짓을 분별할 수 있는 지혜가 필요하다. 이것은 3대 실천 강령(항상 기뻐하라, 쉬지 말고 기도하라, 범사에 감사하라)을 계속할 때만 가능할 것이다. 주님이 이미 우리에게 와 계신데도 우리는 주님의 가르침대로 살지 않으니 "주님이 언제 오시나" 하고 불안해하면서 근심과 걱정에 휩싸여 있다면 주님이 함께 하지 않음이니, 거짓이 파고들어 유혹에 따른 죄에 이르게 될 것이다. 6절 **"우리는 하나님께 속했으니 하나님을 아는 자는 우리의 말을 듣고 하나님께 속하지 아니한 자는 우리의 말을 듣지 아니하나니 진리의 영과 미혹의 영을 이로써 아느니라"**와 같이 말씀만 순종함으로써 하나님께 속한 자가 되어, 진리와 거짓을 분별하는 주님의 지혜를 받아 살아가야 할 것이다.

주님, *2천 년 전이나 지금이나 거짓 선지자와 적그리스도가 판을 치고 있으니, 저희가 사탄을 분별할 수 있는 주님의 지혜를 갖고 매일의 삶 속에서 악인을 만나도 두려워하거나 부러워하지 말고, 주님만 바라보 며 욕심 없는 목자가 되어 길 잃은 양을 찾아 선한 길로 가는 청지기 의 삶을 살게 하시며, 주님의 말씀대로 살며 찬송과 기도로 힘을 얻고 미혹의 영을 분별하여 멀리하고 극복할 수 있도록 인도하소서. 아멘.*

찬양 : 여호와는 나의 목자, 흑암에 사는 백성들을 보라

진정한 친구

세상을 살면서 과연 진정한 친구 셋을 사귈 수 있다면 성공한 삶이라는 표현이 있다. 인생에 친구가 그만큼 중요하다는 말인데, 하나도 얻기 힘든 것이 현실이다. 욥기 15장 5-9절 **"네 죄악이 네 입 을 가르치나니 네가 간사한 자의 혀를 좋아하는구나** 너를 정죄한 것은 내가 아니요 네 입이라 네 입술이 네게 불리하게 증언하느니라 네가 제 일 먼저 난 사람이냐 산들이 있기 전에 네가 출생했느냐 하나님의 오묘 하심을 네가 들었느냐 지혜를 홀로 가졌느냐 **네가 아는 것을 우리가 알 지 못하는 것이 무엇이냐 네가 깨달은 것을 우리가 소유하지 못한 것 이 무엇이냐"**를 보자. 욥기에 나오는 친구들은 수아(빌닷), 나아마(소발), 데만(엘리바스), 부스(엘리후) 등 타 지역 사람들이었다. 하지만 서로 문화가 같지 않고 다른 지역 출신이더라도 인간의 상식은 엇비슷하다.

재난의 원인을 찾을 수 없었던 욥은 자신의 고통에 대해 결백을 주장한 반면, 친구들은 상식과 인과응보 원리로 맞섰다. 친구들은 선한 창조가 아담과 하와의 불순종으로 인한 악의 범람으로 파괴된 것처럼, 욥의 고난은 드러나지 않은 그의 심각한 죄로 인한 하나님의 당연한 징벌이라는 논리를 펼쳤다. 그 논쟁은 어떤 범주를 만들며 그 카테고리 안에서 해결책을 찾을 수 없이, 꼬리에 꼬리를 물며 코끼리 다리 만지듯이 각자의 주장만을 되풀이할 뿐이었다. 위의 말씀은 에돔족인 데만 사람 엘리바스가 욥의 결백에 대해 비난하는 것이다. 다른 친구 나아마 사람 소발은 11장 2절 "**네 자랑하는 말이 어떻게 사람으로 잠잠하게 하겠으며 네가 비웃으면 어찌 너를 부끄럽게 할 사람이 없겠느냐 네 말에 의하면 내 도는 정결하고 나는 주께서 보시기에 깨끗하다** 하는구나"라고 편잔을 준다.

이에 욥은 13장 2-5절에서 "너희 아는 것을 나도 아노니 너희만 못하지 않으니라 참으로 나는 전능자에게 말씀하려 하며 하나님과 변론하려 하노라 **너희는 거짓말을 지어내는 자요 다 쓸모없는 의원이니라** 너희가 참으로 잠잠하면 그것이 너희의 지혜일 것이니라"라고 친구들에게 반박하는데, 이런 장면들이 4-31장에서 계속 이어지고 있다. 욥의 친구들은 고통받는 친구에게 자기 논리로 심판하는데, 차라리 애통하는 자에게 위로와 함께 울었어야 하지 않을까 생각해 본다. 우리는 병이나 사고를 당한 사람들에게 죄의 대가를 받는다고 말하기 쉽지만, 실제 자신이 그런 상황이 되면 억울하기도 하고 원망스럽기도 하다. 그래서 판단보다는 위로와 격려, 용기를 북돋우는 말이 필요한 만큼 함께 울어주려는 자세가 요구된다. 고난을 당하는 사람들 앞에서도 자신의 옳음만을 주장하는 정치가·재력가·학자들의 모습을 통해 욥기가 전하는 하나님의 메시지를 갈음할 수 있을 것이다.

5-3=2+2=4의 식을 글로 쓰면 무슨 의미일까? 오해에서 세 번 생각하여 물러나면 이해할 수 있고, 두 번 더 이해하면 사랑할 수 있다.

진정한 우정의 사례는 다윗과 그의 처남 요나단에서 찾아볼 수 있다. 사무엘상 23장 17절 **"곧 요나단이 그에게 이르기를 두려워하지 말라 내 아버지 사울의 손이 네게 미치지 못할 것이요 너는 이스라엘 왕이 되고 나는 네 다음이 될 것을 내 아버지 사울도 안다 하니라"**에서 요나단이 윗사람임에도 불구하고 자기 아버지 사울의 편을 들지 않고 그 반대편인 매제의 편을 드는 장면이다. 왜 요나단은 이렇게 불효를 저지르면서까지 다윗을 지원했을까? 어쩌면 요나단이 다윗보다 하나님을 더 잘 믿었고, 무엇이 옳은 것인지 알고 있었던 것 같다. 아버지라 할지라도 악령에 사로잡혀 있었기에 선한 길을 가는 다윗을 응원했을 것이다. 그러면서도 아버지의 곁을 떠나지는 않았으니, 불효자라고만 할 수는 없다. 그 둘 사이에서의 관계 회복을 위해 노력다가 결국 블레셋과의 전쟁에서 아버지와 함께 죽음을 맞이했다(31:2). 사울의 큰아들로서 왕위를 물려받을 수 있음에도 불구하고 다윗이 왕이 되는 것에 대해 욕심 내지 않고 관대할 수 있었다는 것은 그의 어진 마음과 포용력이 대단하며, 하나님의 사람을 알아보는 분별력이 우월했음을 추정해본다.

18장 3절의 **"요나단은 다윗을 자기 생명같이 사랑하여 더불어 언약을 맺었으며"**에서 한번 맺은 우정을 끝까지 지키려는 약속에 대한 변치 않는 마음, 자신의 모든 기득권과 지위를 내려놓을 수 있는 마음은 요즘 세상처럼 쉽게 변하는 사람들에게 시사하는 바가 크다. 사울은 요나단에게 다윗을 죽이라는 명을 내리지만, 요나단은 이에 따르지 않았다. 변덕스러운 사울은 요나단이 다윗의 편이라는 이유로 아들을 창으로 찔러 죽이려 한 적도 있었다. 착한 아들도 되어야 했고 선한 친구를 살려야 했던 요나단의 갈등은 아마도 당해보지 않으면 모를 것이다. 다윗도 요나단과의 우정을 변치 않고 지킨 것을 요나단의 장애인 아들 므비보셋을 왕자처럼 대우한 것에서 우리는 알 수 있다(삼하 9:11-12). 요나단은 '하나님께서 주셨다'는 뜻을 갖고 있기에 하나님께 받은 우정과 사랑의 마음을 다윗에게 항상 보여줬고, 아버지에 대한 연민과 효도도 끝까지 지키려 했기에 다윗보다 더 훌륭한 사람이 아닌가 나름 생각한다.

한편 요한복음 15장 14-16절 **"너희는 내가 명하는 대로 행하면 곧 나의 친구라 이제부터는 너희를 종이라 하지 아니하리니 종은 주인이 하는 것을 알지 못함이라 너희를 친구라 했노니 내가 내 아버지께 들은 것을 다 너희에게 알게 했음이라** 너희가 나를 택한 것이 아니요 내가 너희를 택하여 세웠나니 이는 너희로 가서 열매를 맺게 하고 또 너희 열매가 항상 있게 하여 **내 이름으로 아버지께 무엇을 구하든지 다 받게 하려 함이라"**에서 예수님은 우리의 친구가 될 수 있다는 것을 말씀하신다. 우리는 성령을 영접하고 주님을 만나게 되면 '주의 종'으로 쓰임 받기를 원한다. 그러나 일부에서는 주의 종으로 선택받는 것은 목사에게만 주어진 일로 여겨, 신학대학교를 나와 교단으로부터 안수를 받아야 가능하다고 말하고 있다. 일반 성도들은 주의 종이 될 수 없으며, 목사만을 섬기고 따라야 하는 의무를 가졌다고 이야기한다.

주의 종으로 사는 것은 주의 뜻에 순종하여 사는 것이니, 누구 한 사람만의 소유물이나 권한이 될 수 없음은 성경을 조금만 공부해도 알 수 있다. 만약 목사를 주님보다 더 사랑하고 순종한다면 우상 숭배가 될 수 있음을 명심해야 한다. 종은 노예와 같은 지위니 주인의 뜻을 알지 못하고 시키는 것만 하게 되는데, 자기의 모든 것을 다 주인에게 맡기고 내려놓고 살아야 진정한 종이 될 것이다. '목사만이 선택받고 종 역할을 한다'라고 평신도와의 수직적 관계를 조장하는 교회가 있다면, 크게 비성경적이라고 생각한다. 우리 모두는 주님 앞에서 다 종일 수밖에 없다. 그러나 주님은 우리에게 엄청난 은혜를 주신 바 친구의 칭호를 부여하셨다. 그렇기에 우리는 수직적 관계에서 수평적 관계로 전환해야 할 것이라 여긴다.

주님, 욥의 경험을 통해 애통하는 자에게 복이 있나니 위로를 받을 것인즉, 자신의 죄를 눈물로써 회개하고, 요나단과 같은 우정과 사랑을 나눌 수 있는 동역자를 만나게 하사, 그를 하나님의 사람으로 볼 수 있는 분별력을 주시며, 저도 또한 그런 사람이 되게 하사 이 세상이 계급화되고 비즈니스화 되지 않는 공동체 안에서, 주님만이 우리의 리더이신 수평적 구조의 삶을 살도록 인도하여 주소서. 아멘.

찬양 : 이 세상의 친구들, 그 사랑

흔들리지 않는 초심

아사는 남왕국 유다 제3대 왕(BC 910-869)으로서 '치료하는 사람'의 뜻이다. 유다의 경건한 왕들(아사, 여호사밧, 요아스, 아마샤, 웃시야, 요담, 히스기야, 요시야 등) 중 첫 번째 왕으로, 통치 초기 약 10년간 전쟁 없이 태평한 시기를 보냈다. 그는 평화 시에는 전쟁에 대비하고, 전쟁이 다가왔을 때는 하나님께 부르짖으며 의지했다(대하 14:8-15). 그는 가증한 신상과 제단을 없애며 자기 친어머니의 우상 숭배의 죄를 물어 태후 자리를 폐할 정도로 우상 숭배를 배척했다. 공명정대하고 온전하여 하나님의 뜻에 귀 기울였으며, 여호와 보시기에 정직히 행하고 부패와 타락을 멀리하면서 신앙부흥 운동에 힘을 쏟았다(15:8-19).

그러나 아사는 북이스라엘 왕 바아사의 공격을 받고 아람 왕 벤하닷과 동맹을 맺었는데, 그로 인해 선견자 하나니의 꾸중을 들었다(16:1-9). 이에 분노한 아사는 하나니를 옥에 가두고 백성을 학대

했고, 하나님은 아사가 왕이 된 지 39년에 병으로 그를 치셨다. 이 때도 아사는 하나님께 구하지 않고 의원에게 도움을 청했는데, 그 결과 재위 41년 만에 죽게 된다(16:10-13). 아사가 전쟁이 하나의 일상이었던 당시에 전쟁 없는 태평성대를 이루고 훌륭한 왕으로 칭송을 받자, 교만과 자기 욕심에 사로잡혀 선견자의 말을 듣지 않고 하나님도 찾지 않고 자기 뜻대로 살다가 병치레 2년 후 죽음을 맞이한 것이다.

세상에서 잘나가고 출세하는 것이 하나님을 잘 믿고 순종하여 생긴 것이라면 끝까지 이를 지켜야 한다. 그러나 세상의 권력·부·명예는 이런 초심을 지키지 못하게 하는 근본적 속성이 있어서, 그것을 버리기가 매우 어렵다. 하지만 순간 잘못하여 죄를 범했다면 다윗처럼 빨리 회개하고 돌아와야 하나님께서도 용서하시고 죄를 사해 주신다. 그러니 세상 부귀영화를 목표로 삼지 말고 가난하고 어려운 이웃을 사랑하고 하나님을 경외하며 사는 것을 목표로 한다면, 그 과정과 결과 모두 초심처럼 유종의 미를 거둘 수 있지 않을까 자문해본다.

초심을 지키는 것이 매우 어렵다는 것을 히스기야왕의 사례에서도 엿볼 수 있다. 열왕기하 20장 1-6절 **"그때에 히스기야가 병들어 죽게 되매 아모스의 아들 선지자 이사야가 그에게 나아와서 그에게 이르되 여호와의 말씀이 너는 집을 정리하라 네가 죽고 살지 못하리라 하셨나이다 히스기야가 낯을 벽으로 향하고 여호와께 기도하여 이르되 여호와여 구하오니 내가 진실과 전심으로 주 앞에 행하며 주께서 보시기에 선하게 행한 것을 기억하옵소서 하고 히스기야가 심히 통곡하더**

라 하나님 여호와의 말씀이 내가 네 기도를 들었고 네 눈물을 보았노라 내가 너를 낫게 하리니 네가 삼 일 만에 여호와의 성전에 올라가겠고 내가 네 날에 십오 년을 더할 것이며"에서 볼 수 있듯이, 히스기야가 병들어 죽게 되었음을 이사야 선지가 알리자, 이에 충격을 받은 히스기야는 면벽 상태로 죽을 힘을 다해 자신의 병 고침과 생명을 위해서 기도한다. 그런데, 여기서 '하나님 보시기에 좋았던 히스기야왕이 왜 죽을 병에 걸렸을까? 그것도 젊은 39세 나이에?'라는 의문이 생긴다. 히스기야왕이 남유다 왕국의 20명 중 가장 선한 왕으로 인정받는 것은, 25세에 즉위하여 우상 숭배와 정욕에 사로잡혀 악한 왕으로 살았던 아버지 아하스왕의 전철을 밟지 않고, 아세라 상을 없애고 병을 치유한다고 미신처럼 믿던 놋뱀도 철폐하는 종교개혁을 실천한 인물이기 때문이다.

앗수르가 북이스라엘을 멸망시키고 침략했을 때 뜨거운 기도(19:15-19)로써 하나님의 사자가 18만 5천 명이라는 앗수르인을 치고, 산헤립왕은 철수한 뒤 부하에게 살해당한 역사를 우리는 알고 있다. 추측컨대, 이후 히스기야왕이 교만해져서 죄를 짓게 되거나, 아니면 더욱 하나님을 잘 경배하도록 하기 위해 병으로 미리 고난을 주셨을 수도 있겠다. 어쨌든 큰 환난이 닥쳐왔을 때, 눈물로 죽을 만큼 기도에 정진하면 죽음까지도 연장하신 하나님의 은혜를 통해, 기도만이 믿음의 자녀·제자로서 살아가는 가장 큰 무기요 힘인 것을 다시 한번 깨닫는다.

찬양 : 내 기도 내 눈물

여호와여 구하오니 내가 진실과 전심으로 주 앞에 선하게 행한 것들을 기억하소서 기억하소서 나의 마음을 누구보다 잘 알고 계신 주님 앞에 깨어진 모습 이대로 안기어 사랑의 주님을 바라봅니다

네 기도를 들었고 네 눈물을 보았노라 내가 너를 고치노라

네 기도를 들었고 네 눈물을 보았노라 나는 너의 여호와라

부르짖으라 너는 부르짖으라 주님이 네 음성 듣고 응답하리

그런데 하나님이 생명을 연장시켜주신 후 기가 막힌 사건이 발생한다. 이사야 39장 3-8절 "이에 선지자 이사야가 히스기야왕에게 나아와 묻되 그 사람들이 무슨 말을 했으며 어디서 왕에게 왔나이까 하니 히스기야가 이르되 그들이 원방 곧 바벨론에서 내게 왔나이다 하니라 이사야가 이르되 그들이 왕의 궁전에서 무엇을 보았나이까 하니 히스기야가 대답하되 **그들이 내 궁전에 있는 것을 다 보았나이다 내 창고에 있는 것으로 보이지 아니한 보물이 하나도 없나이다** 하니라 이사야가 히스기야에게 이르되 왕은 만군의 여호와의 말씀을 들으소서 보라 날이 이르리니 네 집에 있는 모든 소유와 네 조상들이 오늘까지 쌓아둔 것이 모두 바벨론으로 옮긴 바 되고 남을 것이 없으리라 여호와의 말이니라 또 네게서 태어날 자손 중에서 몇이 사로잡혀 바벨론 왕궁의 환관이 되리라 하셨나이다 하니 히스기야가 이사야에게 이르되 당신이 이른바 여호와의 말씀이 좋소이다 하고 또 이르되 **내 생전에는 평안과 견고함이 있으리로다 하니라**"는 구절이 그것이다. 히스기야가 15년의 생명이 연장되어 살아나자, 약소국인 바벨론에서 축하 선물을 보냈다. 이에 흥분한 히스기야는 궁전의 모든 것을 보여 준다. 이것은 권력자

나 높은 지위에 있는 자들이 자신에게 아첨하거나 칭찬만 해주는 사람만 선호하고 등용하며, 쓰고 달지 않은 충언을 하는 사람들을 멀리하는 것과 유사하다. 그러자 하나님께서 이사야를 통해 100년 정도 후에 바벨론의 침공을 받아 포로가 되고 왕의 자손들이 환관이 되리라고 예언하셨고 실제로 이뤄졌다. 그런데 그런 비참한 이야기를 듣고도 히스기야는 태연하게 "괜찮아요, 100년 뒤에 저는 없을 것이고 내 삶만 평안하고 아무 일 없으면 상관없어요. 나만 아니면 돼요"라고 이사야에게 대답하고 있는 것이다. 한 나라의 왕이요 수많은 백성의 삶과 자손의 번영을 생각하는 권력자의 입에서 나오는 말이 자신만을 생각하는 권력의 속성을 말해주고 있다. 즉위 초기에 이방신을 내쫓고 하나님 뜻을 받드는 일을 통해 생명까지 연장을 받았지만, 그로 인해 교만해지고 초심을 잃게 되었다. 그 아들 므낫세가 악한 왕으로서 55년간 통치하는 비극이 이로부터 시작되지 않았나 하는 생각이 든다. 한국에 전쟁이 나기 전에 이민을 가거나 다른 나라로 이주하려는 사람들의 생각도 '나만 아니면 된다'는 것이라면, 그들의 심약한 마음 상태나 이기적 정신 때문에 언젠가는 룻의 시어머니인 나오미의 고난을 받을 수 있음을 명심해야 할 것이다.

주님, 저보다 더 뛰어나고 훌륭한 위인들도 초심을 지키지 못했는데, 하물며 연약하고 모자란 제가 어찌 흔들리지 않는 크리스천의 삶을 살겠습니까마는, 욕심을 버리며 자신을 내려놓고 산상수훈과 성령의 열매로, '나만'이 아닌 '우리'의 삶을 위해 희생과 나눔의 정신을 복음을 통해 전파하게 인도하여 주소서. 아멘.

찬양 : 전심으로(주님 손에 맡겨드리리)

진정한 회개

다윗은 적과의 싸움에서 이기고 왕의 자리를 더욱 견고히 하면서, 자신의 위상을 드높이기 위해 300일 동안 인구조사를 하게 명령한다. 반대하는 부하의 말에도 귀 기울이지 않고 자신의 업적과 힘을 과시하기 위한 행위였다. 이런 행위에서 권력이 갖는 욕심이 다윗 같은 믿음 있는 사람에게서도 나타나는 것을 보게 되니, 이것이 얼마나 위험하고 헛된 일인지 알 수 있다(대상 21:1-4). 우리도 세상에서 소위 잘나가서 높은 위치에 오르고 권한도 커지고 돈도 많이 벌게 되면, 자신의 강함을 내세우기 위한 일들을 벌이게 된다. 이것이 욕심이고, 욕심이 잉태되어 죄를 낳고, 그 죄가 사망에 이르는 것이니, 백성 7만을 죽게 한 것이다(삼하 24:11-15).

그런데, 사무엘하 24장 10절 "다윗이 백성을 조사한 후에 그의 마음에 자책하고 다윗이 여호와께 아뢰되 **내가 이 일을 행함으로 큰 죄를 범했나이다 여호와여 이제 간구하옵나니 종의 죄를 사하여주옵소서 내가 심히 미련하게 행했나이다** 하니라"에서 다윗이 자신의 잘못을 깨닫고 깊이 회개하는 장면이 나온다. 그리고 7년의 기근과 원수에게 3개월간 쫓기는 것, 3일간의 전염병이라는 세 가지 징계 중 가장 약한 것을 선택하는 기회를 얻게 된 것이다.

회개를 하면 주님께서 용서하시지만, 변명하고 남을 탓하기만 하면 징계를 받게 되는 사례가 출애굽기 32장 21-25절에도 나온다. "**모세가 아론에게 이르되 이 백성이 네게 어떻게 했기에 네가 그들로 중죄에 빠지게 했느뇨 아론이 가로되 내 주여 노하지 마소서 이 백성의 악함을 당신이 아나이다** 그들이 내게 말하기를 우리를 위하여 우리를 인도할 신을 만들라 이 모세 곧 우리를 애굽 땅에서 인도하여 낸 사람은 어찌 되었는지 알 수 없노라 하기에 내가 그들에게 이르기를 금이 있는 자는 빼어내라 한즉 그들이 그것을 내게로 가져왔기로 내가 불에 던졌더니 이 송아지가 나왔나이다 모세가 본즉 백성이 방자하니 이는 아론이 그들로 방자하게 하여 원수에게 조롱거리가 되게 했음이라". 이것은 애굽에서 탈출한 이스라엘 백성들이 모세가 시내산에 올라가서 내려오지 않자 형 아론에게 가서 불만을 토로하여 아론이 금송아지를 만들어서 그들을 달랬던 상황이다. 모세가 돌아와 이것을 보고 십계명 돌판을 던지며 송아지를 불사르고 부수어 가루를 백성에게 마시게 한 후 아론에게 질문한 내용이 위의 말씀이다. 형이지만 모세에게 '주'라는 호칭을 사용하는 것으로 보아, 동생이지만 지도자로 섬겼고 자신이 한 죄를 의식하기도 한 것 같다. 그런데 자신의 죄를 백성의 악함으로 돌리는 변명을 한다. 그러나 모세는 백성의 불만을 잠재우기 위해 모세가 없을 때, 자신이 지도자임을 과시하기 위한 아론의 교만과 방자함이 백성에게 영향을 미쳤다고 생각한다. 1-4절 "백성이 모세가 산에서 내려옴이 더딤을 보고 모여 아론에게 이르러 가로되 일어나라 우리를 인도할 신을 우리를 위하여 만들라 이 모세 곧 우리를 애굽 땅에서 인도하여낸 사람은 어찌 되었는지 알지 못함이니라 아론이 그들에게 이르되 **너희 아내와 자녀의 귀의 금고리를 빼어 내게로 가져오라** 모든 백성이 그 귀에서 금고리를 빼어 아론에게로 가져오매 아론이 그들의 손에서 그 고리를 받아 부어서 각도로 새겨 송아지 형상을 만드니 그들이 말하되 이스라엘아 이는 **너희를 애굽 땅에서 인도하여낸 너희 신이로다** 하는지라"를 보면, 하나님 외 신을 만드는 것에 아론이 주도자였음을 알 수 있다.

우리는 살면서 이런 일을 많이 접하기도 하고 나 자신이 행하기도 할 것이다. 나의 잘못을 타인이나 다른 것의 탓으로 돌려 죄를 지을 수밖에 없는 핑계를 만들어내지만, 하나님과 하나님의 사람은 그 진실을 판단할 수 있기에 거짓 여부를 알게 된다. 그리하여 26-27절 "이에 모세가 진문에 서서 가로되 **누구든지 여호와의 편에 있는 자는 내게로 나아오라** 하매 레위 자손이 다 모여 그에게로 오는지라 모세가 그들에게 이르되 이스라엘의 하나님 여호와께서 이같이 말씀하시기를 너희는 각각 허리에 칼을 차고 진 이 문에서 저 문까지 왕래하며 각 사람이 그 형제를, 각 사람이 그 친구를, 각 사람이 그 이웃을 도륙하라 하셨느니라 레위 자손이 모세의 말대로 행하매 이 날에 백성 중에 **삼천 명 가량이 죽인 바 된지라**"에서 모세는 하나님의 심판을 대리하게 되는 것이다. 설령 잘못했더라도 하나님의 심판의 대상이 되지 않기 위해서는 철저한 회개와 변명 없는 반성이 있어야 하고, 그 죄에 대한 대가를 상황에 맞게 치러야 하나님께서 그 죄를 사하시고 은혜를 내려 주심을 기억해야 한다.

한편 진정으로 회개하고 돌아오면, 주께서 용서하시고 축복하신 사례가 욥기 42장 6-8, 10-11절 "그러므로 내가 스스로 거두어들이고 **티끌과 재 가운데에서 회개하나이다** 여호와께서 데만 사람 엘리바스에게 이르시되 내가 너와 네 두 친구에게 노하나니 이는 너희가 나를 가리켜 말한 것이 내 종 욥의 말 같이 옳지 못함이니라 **욥이 그의 친구들을 위하여 기도할 때 여호와께서 욥의 곤경을 돌이키시고 여호와께서 욥에게 이전 모든 소유보다 갑절이나 주신지라** 이에 그의 모든 형제와 자매와 이전에 알던 이들이 다 와서 그의 집에서 그와 함께 음식을 먹고 여호와께서 그에게 내리신 모든 재앙에 관하여 **그를 위하여 슬퍼하며 위로하고 각각 케쉬타 하나씩과 금 고리 하나씩을 주었더라**"에 표현되고 있다. 욥과 그의 친구들의 오랜 논쟁 끝에 하나님께서 나타나사 욥의 생각이 옳지 못함을 지적하셨다. 그러자 드디어 욥이 회개하고 그의 친구들을 위해 중보기도함으로써 이전보다 더 큰 복을 내리셨다. 모든 친지와 이웃들이 함께 슬퍼하고 위로하며 작은 재물을 나누게 되니, 이것이 하나님께서, 회개와 중보기도하는 자에게 주시는 복인 것이라고 느낀다.

케쉬타(크시타)는 가치(무게)가 알려지지 않은 고대 족장 시대의 화폐(중량) 단위로서 '양 한 마리 값'으로 보기도 한다. 죄악된 이 세상에서는 악한 자나 선한 자나 어쩔 수 없이 고통을 겪게 된다. 그러나 결국 믿는 자는 하나님의 선하신 약속이 있기에 끝내 멸망당하지 않고 구원받음을 변함없이 믿고 인내로써 나아가야 한다. 자기연민에 빠지지 말고 고통받는 자들을 발견하여 도울 수 있도록 애쓰는 것이 축복의 비결이 될 것이다.

　시편 137편 1-3절 "우리가 바벨론의 여러 강변 거기에 앉아서 **시온을 기억하며 울었도다 그 중의 버드나무에 우리가 우리의 수금(하프)을 걸었나니 이는 우리를 사로잡은 자가 거기서 우리에게 노래를 청하며 우리를 황폐하게 한 자가 기쁨을 청하고 자기들을 위하여 시온의 노래 중 하나를 노래하라 함이로다**"에서 볼 수 있듯이, 수차례 죄를 반복하고 회개하는 이스라엘 역사 속에서 유대인들은 여러 선지자들의 경고에도 불구하고 우상 숭배와 성적 타락 등의 큰 죄를 범함으로써 70년간이라는 바벨론 포로의 시대를 맞게 된다. 그러자 여호와의 돌보심 속에 시온에 살았던 평안과 기쁨을 잃어버린 것을 후회하며 바벨론 강가에서 울었지만, 이미 때는 늦어버렸다. 바벨론 족속은 유대인들에게 더 이상 슬퍼하며 울지 말고 너희를 구원해준 것을 노래로 기뻐하며 찬양하라고 하니, 아마도 더 미칠 듯하고 탄식이 절로 나오는 상황에서 이 시가 나왔을 것이다. 우리나라도 일제 식민지 시대에 간도 지방으로 쫓겨나서 망국의 한을 노래로 풀려 했지만, 36년이라는 오랜 세월을 걸쳐 우리 힘보다는 타인의 세력으로 해방을 맞이했다. 이 또한 이스라엘의 바벨론 역사와 매우 흡사하다 할 것이다.

　그러나 4-6절 "너희는 내가 호렙에서 온 이스라엘을 위하여 내 종 **모세에게 명령한 법 곧 율례와 법도를 기억하라** 보라 여호와의 크고 두려운 날이 이르기 전에 내가 선지자 엘리야를 너희에게 보내리니 그가 **아버지의 마음을 자녀에게로 돌이키게 하고 자녀들의 마음을 그들의 아버지에게로 돌이키게 하리라** 돌이키지 아니하면 두렵건대 내가 와

서 저주로 그 땅을 칠까 하노라 하시니라"에서, 유대인들이 심판의 날을 맞았지만 회개하고 주님의 계명을 명심하여 준행하면 아버지와 자녀가 마음을 돌이켜, 즉 '돌탕'이 되게 하사 저주로부터 탈출하게 하시는 출애굽과 같은 상황이 재현될 것임을 예언하고 계신다. 아버지와 자녀의 마음을 예로 든 것은 가장 작은 사회인 가정이 올바르게 주님의 뜻대로 홀로 서기를 제대로 해야 주님께서 엘리야 같은 선지자를 보내사 악으로부터 구원해주시니, 가정의 소중함을 강조하고 옳게 믿어 반석 위에 서는 것이 모든 백성의 근본이 됨을 가르치신 것이리라.

주님, 인간의 욕심으로 인한 전쟁·테러·독재·탄압·부정·부패·타락의 지옥에서 회개를 통한 구원에 이르게 하시며, 저희가 너무 연약하고 간사하여 순식간에 잘못한 것을 감추거나 없애기 위한 핑계로 또 다른 악을 행하면 더욱 죄가 가중됨을 깨닫게 하시고, 죗값으로 목숨을 내놓을 정도의 회개와 반성을 통해 정결케 하여 주소서. 아멘.

찬양 : 주여 나를 용서하소서, 구주의 십자가 보혈로

진정한 용서

창세기 50장 15-17, 19-21절을 보면, 요셉과 형제들이 애굽에서 산 지 17년이 지났을 때, 야곱이 죽었는데도 형들은 자기들의 죄로 인해 마음 편히 살지 못한 것 같다. 아버지가 살아 계실 때는 동생 요셉이 자기들을 함부로 하지 못할 거라는 것과 아버지가 죽으면 자기들을 해할 것이라는 어리석은 생각을 했다. 요셉도 형들에게 안심하게 하지 못했으니, 아마도 그의 권위로 인한 벽이 그들 사이에 존재했을 것이다. 사람 사이에 죄와 허물에 대한 용서는 시간이 흘러도 잊지 못하는 한계가 있지만, 주님의 용서는 두 번 다시 묻지 않으신다. 그렇다고 해도 똑같이 죄를 짓는다면, 몇 번이라도 회개해야 할 것이다. 요셉의 **"하나님을 대신하리까?"**와 **"당신들과 당신들의 자녀들을 기르리이다"**라는 표현 속에 그의 교만·우월함과 겸손함이 공존하는 것으로 보인다. 또 **"두려워 말라"**고 형들을 위로하는 것으로 보아, 세상적 권세 앞에서 복종하는 형들의 안타까운 모습이 느껴진다.

야곱이 사랑했던 라헬의 아들인 요셉은 어려서 형들이 입지 못한 색동옷을 입을 정도로 아버지의 사랑을 독차지하고, 그로 인해 우쭐대고 잘난 척하며 살아서 형들의 미움과 질투의 대상이 되어 결국 애굽으로 팔려가게 되었다. 하지만 그 고난 속에서 하나님께 자기 교만의 죄를 회개하고 믿음의 생활을 하여 세상의 축복을 받았다. 천성이 완전히 바뀔 수는 없지만 요셉은 달라졌다. 야곱과 형제들을 기근과 가난에서 구할 뿐만 아니라, 이국땅에서 애굽 백성들에게까지 하나님의 존재를 알릴 수 있었다. 하지만 아쉽게도 애굽에 하나님의 말씀을 전파했다는 것은 성경에 나와 있지 않으니, 그 이후 400여 년의 노예 생활로 이스라엘 백성들의 환난이 진행된 것은 아닌가라고 생각해 본다. 돈 없고 '빽' 없을 때는 하나님을 찾게 되지만 권력·명예·재물이 있으면 교만해지고 하나님을 찾기 어려우니 가난하게 사는 것이 좋은 만큼, 자신의 가진 것을 어려운 사람들과 나누며 함께 사는 것이 주님이 주시는 축복이라 여긴다.

용서만큼 어려우면서도 쉬운 일도 없다고 생각한다. 왜냐면 마음 하나 바꾸는 것이 백지장 하나만큼 가볍기도 하고 엄청 무겁기도 하기 때문이다. 주기도문에 나오는 "저희에게 잘못한 이를 용서한 것과 같이 저희 죄를 용서하여주소서"라는 표현은 우리가 세상을 살아가면서 꼭 명심해야 할 것이리라. 성경에서 나타나는 용서의 구절을 정리하면 다음과 같다.

(창 50:17) 너희는 이같이 요셉에게 이르라 네 형들이 네게 악을 행했을지라도 이제 바라건대 그 **허물과 죄를 용서하라** 하셨다 하라 하셨나니 당신의 아버지의 하나님의 종들의 죄를 이제 용서하소서 하매 요셉이 그 말을 들을 때에 울었더라

(잠 19:11) 노하기를 더디하는 것이 사람의 슬기요 **허물을 용서하는 것이 자기의 영광**이니라

(마 18:21-22) 그때에 베드로가 나아와 가로되 주여 형제가 내게 죄를 범하면 몇 번이나 용서하여주리이까 일곱 번까지 하오리이까 예수께서

이르시되 네게 이르노니 일곱 번뿐 아니라 **일곱 번을 일흔 번까지라도** 할지니라

(마 18:35) 너희가 각각 중심으로 형제를 용서하지 아니하면 내 천부께서도 너희에게 이와 같이 하시리라

(마 11:25) 서서 기도할 때에 아무에게나 혐의가 있거든 용서하라 그리하여야 하늘에 계신 너희 아버지도 너희 허물을 사하여주시리라 하셨더라

(눅 6:37) 비판치 말라 그리하면 너희가 비판을 받지 않을 것이요 정죄하지 말라 그리하면 너희가 정죄를 받지 않을 것이요 **용서하라 그리하면 너희가 용서를 받을 것이요**

(눅 11:4) 우리가 우리에게 죄 지은 모든 사람을 용서하오니 우리 죄도 사하여주옵시고 우리를 시험에 들게 하지 마옵소서 하라

(눅 17:3) 너희는 스스로 조심하라 만일 네 형제가 **죄를 범하거든 경계하고 회개하거든 용서하라**

(눅 17:4) 만일 하루 일곱 번이라도 네게 죄를 얻고 일곱 번 네게 돌아와 내가 회개하노라 하거든 너는 용서하라 하시더라

(엡 4:32) 서로 인자하게 하며 불쌍히 여기며 서로 용서하기를 하나님이 그리스도 안에서 너희를 용서하심과 같이 하라

(골 3:13) 누가 뉘게 혐의가 있거든 서로 용납하여 **피차 용서하되** 주께서 너희를 용서하신 것과 같이 너희도 그리하고

한편, 현실 생활에서 용서는 이럴 때 가능하다.

용서의 10가지 법칙

1. 삶은 공평하지 않다는 것을 받아들일 때. 그리고 다른 사람들이 당신과는 다른 규칙에 따라 행동할 수 있다는 것을 받아들일 때.
2. 자신이 처한 환경을 다른 사람 탓으로 돌리려 하지 않을 때.
3. 당신에게 상처 준 사람을 변화시킬 수 없다는 사실을 인정할 때, 그리고 당신이 바꿀 수 있는 사람은 오직 자신뿐임을 깨달을 때.
4. 불쾌한 사건과 아픔을 주는 사건으로 당신이 화나고 상처받았음을 인정할 때.
5. 당신이 받은 상처에 관한 이야기, 즉 '억울한 사연'을 현재의 관점보다 더 넓은 맥락에서 살펴볼 수 있도록 새로운 틀을 입힐 때.
6. 용서하느냐 용서하지 않느냐를 오직 당신만이 결정할 수 있다는 사실을 깨달을 때.
7. 당신에게 상처를 준 사람이 살아온 처지에 공감함으로써 그를 보는 시각을 바꿀 때.
8. 불만족이 아닌 만족에 가까워지고자 할 때.
9. 용서는 시간이 필요하며 채근하면 안 된다는 것을 이해할 때.
10. 당신의 삶과 미래를 스스로 책임지려 할 때.

— 딕 티비츠, 『용서가 있는 삶』 참고

용서는 다른 사람에게 도움이 되기보다 자신에게 도움이 된다. 남을 탓하면 자신을 희생자로 만들게 되지만, 바라보는 관점을 바꾸면 분노가 당신의 삶을 망치는 것도 막을 수 있다. 그러니까 당신이 품은 생각이 당신을 죽이는 것이 아니라, 치유하게 할 것이다.

주님, 용서를 쉽게 할 수 없는 것은 아직도 우리 안에 자신만을 생각하는 마음이 존재하여 자존심을 내세우는 행위를 하기 때문일 것입니다. 하지만 병에 걸리거나 극한적 한계상황에 다다르면 용서할 수 있게 되는 것은, 그 괴로움과 슬픔을 더 이상 안고 갈 수 없음을 뒤늦게 알게 됨이니, 죽으면 아무것도 가져가지 못함을 알고 세상적 욕심과 탐욕에서 벗어나 먼저 베풀고 나누는 성도들이 되게 하소서. 아멘.

찬양 : 용서하소서(주님 것을 내 것이라고)

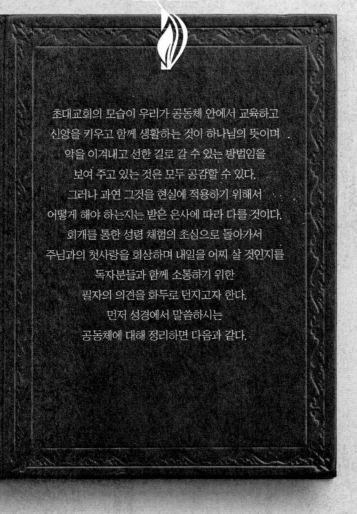

제 4 장
공동체의 삶

초대교회의 모습이 우리가 공동체 안에서 교육하고
신앙을 키우고 함께 생활하는 것이 하나님의 뜻이며
악을 이겨내고 선한 길로 갈 수 있는 방법임을
보여 주고 있는 것은 모두 공감할 수 있다.
그러나 과연 그것을 현실에 적용하기 위해서
어떻게 해야 하는지는 받은 은사에 따라 다를 것이다.
회개를 통한 성령 체험의 초심으로 돌아가서
주님과의 첫사랑을 회상하며 내일을 어찌 살 것인지를
독자분들과 함께 소통하기 위한
필자의 의견을 화두로 던지고자 한다.
먼저 성경에서 말씀하시는
공동체에 대해 정리하면 다음과 같다.

공동체의 축복

시편 133편 1-3절 **"보라, 형제가 연합하여 동거함이 어찌 그리 선하고 아름다운고** 머리에 있는 보배로운 기름이 아론의 수염에 흘러서 그의 옷깃까지 내림 같고 헐몬의 이슬이 시온의 산들에 내림 같도다 거기서 **여호와께서 복을 명령하셨나니 곧 영생이로다"**의 시는 블레셋에게 빼앗긴 언약궤를 다시 찾아 예루살렘 성으로 모신 후, 다윗과 백성들이 하나님께 드리는 예배에서 다윗이 찬송하는 것이다. 언약궤를 시기지 못한 죄에서 온전히 회복되는 순간이다. 이스라엘 공동체가 여호와 하나님 안에서 하나가 된 것이다.

형제는 가족의 관계를 뛰어넘는 것이며, 동거함은 영·혼·육이 하나 됨이다. '기름'은 바로 '성령'을 의미하고, 기름이 옷깃까지 흘러내렸다는 것은 성령의 충만함을 받았다는 것이다. 수염까지 흘러내림은 말씀의 능력이요 옷깃까지는 행위의 능력으로, 말씀과 행동의 성령께서 함께하신다는 것이다. '헐몬 산'(헤르몬 산, 시온 산)은 가나안 땅 북쪽의 가장 높은 산으로 '아론의 머리'와 서로 대구를 이루는데, 영적인 지도자들을 의미한다. 시온의 다른 산들은 이스라엘 백성들을 상징하여 하나님의 은혜와 복(이슬 : 생명수)이 공동체에게 골고루 나누어지는 것이다. 마지막 구절은 하나님의 말씀 가운데 함께 살아가는 모든 신자들에게는 영생의 복을 허락하신다는 말씀인 것이다.

초대교회의 공동체의 삶이 사도행전 2장 42-47절 **"서로 교제하고,**

떡을 떼며, 오로지 기도하기를 힘쓰니라 믿는 사람이 다 함께 있어 모든 물건을 서로 통용하고… 또 재산과 소유를 팔아 각 사람의 필요를 따라 나눠주며… **날마다 마음을 같이 하여 성전에 모이기를 힘쓰고… 기쁨과 순전한 마음으로 음식을 먹고… 하나님을 찬미하며 또 온 백성에게 칭송을 받으니…**"에 잘 나타나 있다. 형제자매들의 연합 공동체는 하나님께서 우리에게 주시는 은혜와 복이다. 그러므로 로마서 8장 28절에 **"하나님을 사랑하는 자들에게는 합력하여 선을 이루느니라"**의 말씀과 일맥상통하는 것이다.

> 주님, 당신의 뜻을 사모하는 모든 이들이 신실한 공동체를 만들어 초대교회의 모습으로 회귀하게 하시고, 악한 길로 가거나 서 있는 이들을 생명의 길로 인도하는 데 맡기신 사명을 다하도록 이끌어 주소서. 아멘.

찬양 : 형제가 연합하여 동거함이

공동체의 성격을 세 가지로 분류하면, 교육·신앙·생활 공동체로 나눌 수 있다. 이것들이 서로 상호 작용을 원만히 하면 승수 효과 (乘數效果)를 발휘하여 초대교회의 모습으로 돌아가는 삶을 살게 될 것이다.

교육 공동체

현재 우리나라의 교육은 과정보다는 결과 위주에 맞춰 대학, 취직 등 돈을 벌기 위한 수단 행위로 전락된 지 오래다. 그럼으로써 학생들만 그 피해를 그대로 받는 악의 순환 구조에 빠져 있다. 대안학교의 일부 성격을 도입하는 혁신학교가 공교육에 도입된 것은 다행이지만, 소수일 뿐 전체를 바꾸지는 못하고 있다. 대량 산출을 위한 획일적 교육 행정에는 분명한 한계가 있기에, 아직도 수많은 학생들이 공교육에 적응하지 못하고 방황하고 있다. 자신들의 존재 이유와 삶의 목적을 찾기 위한 일련의 과정이 초등 교육부터 내재되어 있어야 자존감과 비전을 갖고, 자신만의 이익보다는 공동의 이익을 생각하며 약속된 틀 안에서 규율을 준행하는 성숙된 개체로 성장할 수 있을 것이다.

필자가 생각하는 교육 공동체를 추진하는 목적은 다음과 같다.

첫째, 인생의 명확한 비전 수립을 통한 진정한 자아관 형성.

둘째, 자연생태 학습을 통한 생활 공동체적 삶을 지향.

셋째, 개인의 특성을 중시하면서 공동의 이익을 추구하는 나눔과 섬김의 문화 구축.

마지막으로, 성경적 그리스도인의 삶을 실현하는 데 있다. 올바른 신앙을 갖고 그 안에서 자신의 정체성과 미래의 비전을 갖도록 인도하는 것이 아이들의 인격 성장에 매우 중요하다.

크리스천 스쿨의 목표는

① 홀로서기 : 독립·자립적 생활

② 예수님의 제자도

③ 봉사와 희생의 사랑 실천.

이를 위해 3무(흡연·음주·폭력)와 3유(비전·신앙·소통) 정신으로 무장하고, 모든 학생들이

① 음악 : 1인 1악기

② 운동 : 태권도

③ 예술 : 연극·영화 참여 등의 특성화 교육을 이수해야 한다. 그리고 학교의 5대 특징을 그림으로 정리하면 아래와 같다.

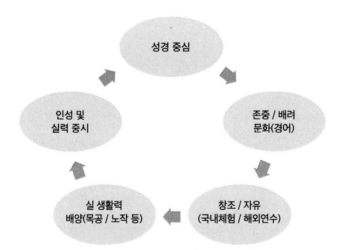

성경공부를 매일 행하고 상호 존중과 배려의 문화를 위해 선배나 선생님도 후배나 학생에게 경어를 사용하며, 인성과 생활에 필요한 지식과 실력을 함양하고, 체험학습을 통해 창조적이고 자유스러운 삶을 유도하는 배움터가 되도록 학부모·교사·학생 모두 삼위일체가 되어 노력하는 것이다.

교육 과정은 기존 체제와는 다르게 4년 단위, 초·중·고 3개 과정이다.
- 초등(1-4학년) : 기초 학습(생활지식), 자연 학습, 인성 양성 학습
- 중등(5-8학년) : 기본 학습(검정 대비), 자유 학습, 비전 수립 하습
- 고등(9-12학년) : 비전 실현, 사회 진출 학습(인턴·진로 체험 등)

초등 과정은 어린이가 생활하는 데 필요한 지식 학습과 자연 속에서의 체험 학습, 그리고 인성 중심의 교육이 된다. 사춘기가 시작되는 5학년부터 중등 과정으로 편입하여 좀 더 아이들의 요구 수준을 신중히 받아들이며, 검정 대비를 위한 기본 학습과 자신들이 원하는 자유 학습 및 장래의 비전을 고민하는 시간들을 갖는다. 고등 과정은 자신이 세운 비전을 실험하고 확인하여 사회로의 진출을 준비하는 심화 학습을 하게 된다. 모든 과정은 과제물 및 평가 시험을 통해 이수하고, 특별히 고등 과정은 졸업논문을 추가한다.

교육 제도상 기존 체제와 다른 점만 열거하면 다음과 같다.
- 4년 담임제 : 정·부 담임제 병행(인성 과정에 대한 지속적 관심·책임)
- 반 학생 정원 : 20명 이내

- 무두무미(無頭無尾) 조직 체계 : 교장·교감 없는 평교사 체제(대표교사 1년, 연임 가능), 반장 등 학생 임원의 순환구조(누구나 경험)
- 집중 수업제 : 주요 과목은 주제·단위별 완성 수업(90~120분)
- 선택 수업제 : 초중고 과정 내 학년에 관계없이 학생 스스로 선택하여 수강(나이를 초월하여 선후배 간의 평등·수평 의식 함양)
- 창조 수업제 : 5명 이상의 학생들이 배우기 원하는 수업을 개설, 교사를 선택
- 교과서 자율 선택 : 학생과 교사 협의하에 도입(없어도 무방)
- 성적표는 점수제가 아닌 비전을 향한 발달·성취 중심의 서술적 평가
- 재능기부 수업 활성화 : 학부모 등 분야별 재능기부를 통한 전문가 수업
- 월반제도 도입 : 능력별 학점제 도입하여 조기졸업 가능

학교시설 건립의 기본 방향은

첫째, 자연환경 보존 설계로 임야 내 경사면을 최대한 활용하는 계단식 건물 구조.

둘째, 친환경적 건축에 따라 콘크리트보다는 재활용 가능한 철골과 목재 사용.

셋째, 태양광·풍력 등 대체 에너지를 활용한 발전 및 냉난방 설비 구축.

넷째, 용도와 특성에 맞게 나누어 분산적 건축을 하며 3층 이내 저층구조로 중·고등학교, 본관(교사, 초등), 학생회관(도서관), 기숙

사 등 분리.

끝으로, 장애인 통합 교육을 고려한 시설·생태 학습장 마련(장애인과 비장애인의 구별 없이 생활) 등이다.

여기서 국가 간 대안학교를 비교하고 좋은 사례를 벤치마킹하고자 한다.

먼저, 국가 간 대안학교를 비교하면 아래 표와 같다(<출처> Glatthorn pp. 28-29).

대동소이하지만 영국은 인성을 중시하며, 독일은 정해진 시스템에 준행토록 하고, 미국은 자율성, 한국은 체험활동을 강조하고 있다. 특히 독일과 한국의 무두무미(無頭無尾) 조직 체계는 누구나 평등하고 모두가 참여하게 하는, 상당히 획기적인 아이디어라고 생각한다. 물론 이 표는 각국에 대표되는 해당 학교를 기준으로 비교한 것이고, 나라별로도 다양한 대안학교가 존재한다. 예를 들어 기숙사제는 독일도 전원수용 제도가 오래전부터 있었고, 노작·체험 학습은 거의 모든 대안학교가 중시하고 있다. 결국 표에 있는 내용들이 모든 대안학교에서 골고루 선택되어 실행되고 있는 것이다.

	영국	독일	미국	한국
학교	하트랜드스쿨	발도르프스쿨	차터스쿨	풀무학교
교육 이념	·개인의 정신·육체적 생명 가치 구현 ·가정과 같은 공동체	·전인교육 ·무두무미 조직 체계 ·신체, 영혼, 정신의 조화	·자율적 운영 ·수요자 선택권 부여 ·부적응 학생 수용	·머리, 가슴, 손 조화 ·무두무미 조직 체계 ·기본층이 평민 ·성서 위의 학원
교육 내용	·지역사회학교 지향 ·불, 부엌, 건물, 옷의 중요성 강조	·예술교육 강조 ·학생의 능동적 참여 ·성적표 없음 ·조기 외국어 실시 ·주기적 집중 수업	·교수-학습의 변화 유도 ·특수 목적 교육 ·종교에 대해 중립적	·지역 내 학교 ·노작 및 체험 활동 ·영성 활동
교육 과정	·공통과목(영, 수, 과, 문학, 체육) ·심성, 상상력 개발을 위한 활동 선택(연극, 시 등)	·독, 영어, 수학 교과 ·음악, 공작 등 예술 ·체육, 농장 경영 ·견학 등 실제 활동	·학생 위주의 다양성 있는 교육 과정 운영 (학교의 특성 고려)	·과목별 이동교실 ·노작교육 강조 ·견학, 체험 학습 강조
교육 환경	·30명 규모 학생 수 ·폐교 활용	·8년 담임제 ·재정적 독립성	·운영위원회 강화 ·자율적 재정 운영	·작은 학교 ·지역사회학교 ·전원 기숙제

독일의 발도르프 학교는 1919년 루돌프 슈타이너가 슈투트가르트도의 발도르프 아스토리아 담배공장 노동자들의 자녀들을 위해 세웠다. 교육의 특징은 남녀공학, 에포크 수업, 전인교육, 성적이 없는 성적표, 교과서 없는 수업, 외국어 수업의 발달, 자치 행정 등이 있다. 현재 발도르프 교육은 전 세계적으로 이뤄지고 있는데, 그 모습은 각기 다르다. 슈타이너가 원리에 대한 충분한 인

식 없이 구체적인 실천 방법만을 수용하는 것에 반대했기 때문이다. 그럼에도 발도르프 교육의 기본적인 이념은 공통적이기 때문에, 모두 발도르프 학교라는 명칭을 사용한다. 2010년 996개의 발도르프 학교가 세계 각지에서 약 20만 명의 학생들에게 교육을 하고 있다. 한국에도 푸른숲·서울자유 발도르프 학교 등 10여 개가 있다.

교육 목적은 '개별 학생을 고려한 전인 교육'이다. 슈타이너는 인지적 영역에 치우친 교육에 반대하고, 신체와 정신적 성장에 맞춘 의지·감각·사고의 조화로운 발달을 추구한다. 이때문에 발도르프 학교에서는 학생들의 우열을 나누지 않으며 학생 개개인의 성장과 요구에 귀 기울인다. 인지·도덕·실용적 재능의 발달이 모두 똑같이 중요하기 때문에 노작이나 예술 교육 등이 중시된다. 교육 특징을 살펴보면 다음과 같다.

1. 8년 담임제

발도르프 학교에서는 1학년 입학 후 8년까지 같은 교사가 담임을 맡아 주요 교과목을 가르친다. 8년이라는 기간을 설정하게 된 것은 학생의 발달 주기를 고려한 결과다. 슈타이너는 8년 정도를 발달의 주기로 보았기 때문에 이 시기를 별도로 나누지 않았다. 발달 단계상으로 이 시기는 유아기에서 사춘기에 해당된다. 8년이라는 기간 동안 교사가 아이들을 관찰하기 때문에 연속성이 보장되고, 아이들은 교사와의 안정적이고 지속적인 유대 관계 형성을 통해 정체성을 찾아갈 수 있다. 교사는 학생에게 지식을 전달할

뿐만 아니라 관찰자이기에 학생들을 8년 동안 지켜보면서 그들의
성장과 발달을 면밀하게 살펴볼 수 있다. 개별 학생에 대해 관심을
더 많이 가져줄 수 있다는 점에서 8년 담임제는 긍정적이다. 단,
학생과 교사 사이에 유대관계가 형성되지 않거나 불미스러운 일이
발생하는 경우에는 선생님이 교체된다. 하지만 발도르프 교육에서
는 선생님이 바뀌는 것을 최소화하고자 한다.

2. 에포크 수업(Epochen Unterricht)

주기적 집중수업이라고도 불리는 에포크 수업은 동일한 과목을
매일 2시간 정도 3~6주에 걸쳐 집중적으로 공부하는 발도르프 학
교만의 특별한 수업 방식이다. 대개 언어(외국어)와 예술 교과목을
제외한 수학·역사·지리·과학 등 주요 과목 전체에 걸쳐 이루어지
고, 특정 과목을 선정하여 매일 오전 첫 수업으로 공부한다.

에포크 수업을 오전에 시행하는 이유는 아이들의 체내 리듬을
고려한 것인데, 오전 8시부터 10시 사이의 집중력이 매우 높기 때
문에 아침 첫 수업으로 100분 동안 진행한다. 에포크 수업은 아침
을 여는 활동으로 시작되어 촛불 밝히기, 시낭송, 노래와 연주, 간
단한 체조 등을 시행한 후, 지난 수업에 대한 복습과 본 수업의 순
서로 이뤄진다. 아침을 여는 활동은 수면 상태인 학생들의 감각을
일깨워 '주의(깨어 있음)' 상태로 자연스럽게 만든다. 이런 방식으로
학생들은 한 과목을 3~6주 동안 학습한다. 한 과목의 에포크 수
업이 끝나면 다른 과목을 선택해 같은 방식으로 수업이 이뤄지고,
한 번 배웠던 과목의 주기가 돌아오면 다시 그 과목의 수업이 진행

된다. 교과를 집중적으로 배우기 때문에 수업에 대한 몰입도를 높일 수 있다는 장점이 있다. 주기가 반복되기 때문에 몰입 수업의 효과를 극대화할 수 있다.

3. 교과서 없음

보통 저학년의 경우에는 정해진 교과서가 없다. 교과서를 통한 수업은 학생들의 창의성을 제한하고, 교사가 같은 내용일지라도 수업을 새롭게 구성하는 데 방해가 되기 때문이다. 교사의 끊임없는 연구가 바탕이 되어 같은 내용을 가르치더라도 학생들의 발달 단세, 수준 등을 고려하여 다양한 방식으로 수업을 이끌어 나간다. 때로는 에포크 수업 때 학생들 개개인이 작성한 노트가 교과서가 되기도 한다.

4. 성적표

개별 학생의 성장을 중시하기 때문에 학생들을 일정한 평가 방법에 의해 줄 세우는 것이 아니라, 각 학생들이 수업을 통해서 성취한 내용을 성적표에 기재한다. 특히 1-8학년까지는 8년 담임제가 이루어지기 때문에 학생들의 학습적 성취, 발달 사항, 재능 등이 보다 세부적으로 성적표에 기재된다. 9학년부터는 전공 선생님들의 평가를 받는다. 결론적으로, 발도르프 교육에서 성적표는 학생들의 발전을 돕기 위한 가이드라인이다. 이 성적표는 1년에 한 번 배부된다.

5. 졸업시험

각 국가에서 시행하는 고등학교 졸업 시험과 별개로 졸업 시험 제도를 두고 있다. 1-12학년까지의 프로그램을 기존 교육 평가 시스템으로 판단할 수 없기 때문에 발도르프 교육에 알맞은 고유의 시험을 마련하고 있는 것이다. 앞서 성적표 부분에서 언급한 바와 같이 선별적 평가를 시행하지 않는 대신, 학생이 어떤 방향으로 나아갈 수 있는 지 가이드라인을 제시해준다. 졸업시험도 마찬가지로 고등학교 졸업 이후 학생들의 지향점을 제시한다.

각 학교에서 시행하는 졸업시험의 형태는 다양하다. 이 시험은 일반적으로 특정한 주제에 대해 서술하는 '필기시험', 배우지 않은 텍스트를 이해하고 자기 표현으로 바꾸는 '이해력 시험', 그리고 12학년의 1년 동안 교사와 함께 다양한 방법으로 준비하는 '졸업논문', 그리고 전교생 앞에서 이루어지는 '졸업논문 발표'로 이루어진다.

6. 자치행정 : 교장 없음, 이사장 없음

학교에는 교장이 없고, 교사들의 자치행정에 의해 학교가 운영된다. 교사는 학교에 속하지만 독자적으로 행동한다. 창의적인 학생들을 육성하기 위해서는 교사 또한 틀에 박혀 있어서는 안 되며, 이를 위해서는 다양한 선택권 및 자유가 보장되어야 한다. 따라서 교장 없이 교사들의 회의에서 민주적으로 의사를 결정하고, 매주 열리는 전체 회의를 통해서 수업과 관련한 정보를 주고받으며 학교 행정 제반에 관련된 사항들을 의논한다. 그리고 교사들은 학교 운영과 관련된 사항들을 학부모와 적극적으로 상의하기에 학부모 역시 학교 행사에 참여하고 학교와 관련한 사항에 협력한다. 여기에 학생들도 빠질 수 없다. 이렇게 교사·학생·학부모가 긴밀하게 연결되어 '교육 가족'을 구성하고, 이들이 발도르프 학교를 이끌어 나간다. 요약하자면, 교육행정적인 측면에서 강한 유대감을 바탕으로 운영되는 민주적이고 자치적인 학교의 형태라 할 수 있다.

한편, 독일 교육의 가장 큰 장점은 암기나 주입식 위주가 아니라, 학생 스스로 연구하는 깊이 있는 수업을 함으로써 사회성을 갖춘 인간을 길러 내는 전인교육이라는 것이다. 성적과 성과에 연연할 필요가 없으니 교사는 얼마든지 수업다운 수업을 구상할 수 있고, 아이 또한 자연스럽게 스스로 공부하고 생각하며 말하는 법을 익히게 되는 것이다. 초등학교 저학년 때부터 구구단을 절대 암기하지 않게 하며, 부모에게도 그렇게 집에서 가르치지 못하도록 강요할 정도다. 수학 평가시험도 문제의 답을 내는 과정을 작문 형식으로 써야 하며, 미술도 그림만 그리는 것이 아니라 비평문을 작성해야 한다. 또한 학교에서의 자전거 교육, 모든 학생이 인명 구조원이 되는 수영 수업, 초등학생들의 성과 동성애 교육, 스타벅스 등 기업의 사례연구를 통해 배우는 경제 교육, 영어는 선택, 체육은 필수가 되는 교육 등은 독일의 교육을 잘 나타내주는 독특한 교실 모습들이다. 이 모습들을 통해 경쟁 없는 인성교육으로 이끌고 있는 원동력을 발견할 수 있다.

그리고 아프리카의 어려운 아이들을 돕기 위한 프로젝트(예시)가

초등학생의 한 학기 과제이다. 수업은 토론 위주로 진행되고 숙제도 저작권을 침해하면 안 된다. 초등학교 4학년이면 우화 한 편을 쓰는 것이 일반적이며, 영어시간에는 비틀즈 노래를 심층 분석하기도 한다. 역사 시간도 자기 마을의 역사부터 시작하며 연대순으로 외우는 주입식이 아니라, 주제를 갖고 토론 형식이 된다. 선생님은 절대 토론에 끼어들지 않고 방향만 잡아줄 뿐이다. 그 때문에 결론 없이 끝나지만, '정답은 없다'는 것을 스스로 깨닫게 된다. 주로 팀별 프로젝트로 정해진 주제발표를 하여 평가를 받는데, 협동심과 사회성을 배우게 된다. 결과보단 과정을 중요시하며 사회성과 인성이 강조되는 교육을 하고 있다.

독일은 홈스쿨링을 금지하는데, 그 이유는 나치와 같은 집단이 나오지 않기 위해 사회성을 강조하기 때문이나, 대부분의 유럽 각국은 홈스쿨링을 제도로서 인정하고 있다. 독일의 학생들이 사교육 같은 경쟁에 찌들지 않고 여유롭게 학창시절을 보낼 수 있는 가장 큰 이유는 일류대학, 명문대학이 없기 때문이다. 즉, 대학이 평준화되어 있다는 것이다. 세계대학 순위에 있어 1위에서 200위 안에 있는 학교가 한국은 4개 대학인 데 비해, 독일은 10개의 대학이 여기에 포함되어 있다. (〈참고〉 박성숙, 『독일 교육 이야기』)

미국과 근접해 있지만 초중고 제도는 유럽과 비슷한 캐나다의 공교육을 소개하면, 수능이 없는 대학 입학제이며 내신 성적만으로 대학에 갈 수 있다. 인문대학과 직업 전문대학의 비중은 7:3으로, 공부에 관심 있는 학생만 정규대학에 가고 직업을 미리 선호하는 전문대학 학생들에게 편견이나 고정관념은 거의 없다. 등수 없는 성적표와 알 수 없는 대학 커트라인이 결과에 승복하는 문화를 만들며, 스펙보다는 활동(체육·예술·봉사 등), 성적보다 인성을 중시하여 합격 여부를 결정한다. 유치원부터 고등학교까지 무료 공교육으로 웬만한 학교 준비물(교과서, 지우개, 미술·과학용품 등)은 학교에서 무료로 제공하기에 초등학교 앞에 문방구가 없다. 일부 사립학교를 제외하고는 점심 급식이 없다. 따라서 초등학생은 집에서 해결하게 하고, 중고등학생은 학교의 카페테리아를 저렴하게 이용한다.

캐나다에는 특수학교가 없어 장애인도 보통학교에서 똑같이 교육을 받으며, 정상인도 장애인과 함께 사는 문화를 배우게 된다. 대학의 서열을 매기지 않기에 대학보다는 전공을 중시하고, 입학보다는 졸업이 어렵다. 그리고 평균 세 번 전공을 바꿀 수 있어 대학 간 전학도 할 수 있으므로 명문대학의 의미가 약하다. 미국식 대학 서열화는 순위를 따지는 아시아인들에게나 통하는 유혹일 뿐이다. 대학 이름보다 대학 성적표가 더 중요하며, 명문대 졸업장이 취직 보증서가 되지 못한다. 그래서 대학을 졸업하고도 취직을 위해 전문대를 가는 경우가 있을 정도다. 즉 전 국민의 취업 도우미는 전문대인 커뮤니티 칼리지이고, 의사·변호사·약사·교사가 되려면 대학이 아니라 전문대학원에 가야 한다. 왜냐면 이 과정이 대학 학부에 없고, 유사 학부를 졸업한 후에 Graduate school에 들어가야 하기 때문이다. 고등학교는 대학 입학만을 위한 공부는 하지 않는다. 고3인 12학년은 동아리 활동의 주축이 되고, 학교 문화를 이끄는 리더로서 졸업하게 된다. 캐나다 우수 학생이 미국

대학에 가지 않는 이유는,

1. 미국 명문대 가는 것은 실력이 아니라 재정 능력 여부이고,

2. 대학이 목표가 아니기에 명문대학을 성공이라 생각하지 않으며,

3. 대학을 전공 위주로 정하고 전문직을 얻기 위한 과정으로 보기 때문이다.

독일처럼 구구단을 외우게 하지 않고, 조기 교육보다는 대기만성을 유도한다. '기다리니까 크면 다 하게 된다'는 기다림의 교육인 것이다. 수학은 원리를 중시하고, 시험시간에도 계산은 계산기로 하고 객관식이 없으며, 논리적 접근을 통해 답안을 작성한다. 우리와 다른 점을 중심으로 정리했는데도 꽤 다른 점이 많다. 언젠가는 우리 아이들도 성적 순이 아닌 행복 순으로 살게 될 것을 기대한다. (〈참고〉 박진동, 『캐나다 교육 이야기』)

1996년 설립된 미국 동부 로드아일랜드 주 프라비던스 시내에 위치한 공립 대안학교인 메츠 고교(The Metropolitan Regional Career And Technical Center)에는 교과서를 놓고 하는 수업이 없다. 주 5일제 학교지만 월·수·금 3일만 등교하고, 화요일과 목요일에 학생들은 도시 전체로 흩어져 경찰서, 고아원, 동물원, 연구소 등 100여 곳이 넘는 곳에서 인턴으로 일한다. 일주일에 이틀은 도시 전체가 학교로 변하고, 학생들이 일하는 곳이 바로 교실이다. 등교하는 날도 오전 오후에 각각 1시간씩 담임교사와의 대화 시간을 제외하면, 개별 학습으로 자기가 필요한 공부를 한다. 학교에서는 영어·

수학·과학 같은 교과 시간이 없지만, 2000년 졸업한 46명의 학생 전체가 대학에 입학해 미국 전역을 놀라게 했다. 졸업생들이 대학에 입학하며 받은 장학금도 모두 40만 달러에 달했다.

반면에 미국의 공립 고교들은 입학생의 절반 이상이 제대로 졸업을 못 하는 등 심각한 문제에 휩싸여 있다. 그래서 컴퓨터 황제 빌 게이츠는 메츠 고교와 같은 학교를 더 세우라며 350만 달러를 기부하기도 했다. 학급당 인원수는 12~15명이며, 한번 학급이 편성되면 졸업 때까지 같은 반이다. 입학 시 학부모가 학교 정기회의에 필히 참석하며 늘 접촉하겠다는 서약서에 서명해야 하고, 전통적인 의미의 수업과 시간표가 없이 학생들은 분기마다 자신의 학습 목표를 구체적으로 정한 학습계획서를 제출해야 한다. 과목별 시험을 볼 수 없기 때문에 모든 평가는 이 학습계획서에 근거해 서술형으로 기록된다. 평가에는 담임교사뿐만 아니라 학생과 학부모, 멘토의 의견도 반영된다. 최근 미국에는 신입생 선발 시 수능시험(SAT) 성적이나 석차가 기재된 내신 성적표보다 이러한 '포트폴리오'를 중요시하는 대학이 늘어나고 있다.

메츠 고교를 졸업하려면 A4용지 75장 이상 분량의 자서전을 제출하고, 마지막 4학년은 지역사회나 학교에 기여하는 졸업 프로젝트를 진행해야 한다. 예를 들면, 프라비던스 시 YMCA 건물에서 이틀 동안 시민을 대상으로 한 댄스 경연대회를 개최하거나, 1년 동안 후배에게 생물학을 직접 가르치기도 한다. 이 학교를 탄생시킨 모태는 현직 공립학교 교사인 엘리엇 워셔와 데니스 리트키가 세운 비영리기구(NPO)인 '빅 픽처 컴퍼니(Big Picture Company)'이다. 메츠 고교가 새로운 학교의 모델을 실천하는 팔과 다리라면, 빅 픽처는 새로운 학교 모델의 이론과 철학을 제공하는 머리 역할을 하고 있다. 메츠 고교는 엘리엇과 데니스가 빅 픽처에서 고안한 새로운 학교 모델을 프라비던스 시 교육위원회가 받아들여서 문을 열었다.

지난 1996년 설립된 빅 픽처는 ▲ 일반 사회와 분리되지 않으면서 학생 개개인을 중시하는 학교를 만들어 미국 공교육을 개혁하고, ▲ 공립학교 내부에서 새로운 교육 모델을 확산시키기 위해 교사와 교육 행정가들을 훈련한다는 두 가지 목표를 갖고 있다. 빅 픽처는 컴퓨터 황제 빌 게이츠가 세운 '빌 앤 멀린다 게이츠 재단'과 연방 교육부, CBS재단 등으로부터 매년 150만 달러 가량의 기부금을 받아 운영된다. 이 모델을 통해 새로 만들어지는 학교에서 근무할 교장들을 선발해 이곳에서 훈련하고 있다.

학교 설립자로 메츠 학교의 협동 관리자(Co-director)인 엘리엇 워서는 20여 년 동안 공립학교 교사로 재직했다. 그는 자신이 고안한 직업교육 과정으로 포드 재단과 하버드대의 케네디 스쿨에서 교육혁신 상을 수상한 베테랑 교사다. 그는 새로운 학교 운동에서 가장 중요한 점은 "교사다. 우리와 함께 일할 교사들은 첫째, 학생들을 자기가 가르치는 과목보다 더 사랑하고, 둘째, 자신이 가르치는 것보다 학생들이 배우는 것에 더 관심을 기울여야 한다. 다른 공립학교들과 달리 직접 교사를 선발한다"라고 했다. (〈참고〉 강대중, 『대안학교는 학교가 아니다』)

도쿄슈레는 정규 교육을 포기한 학생, 소위 '후도코(不登校) 학생'들을 위한 대안학교다. '정신을 자유롭게 쓰는 곳'이란 뜻의 그리스 말 '슈레(shure)'를 그대로 따왔다. 일본 교육의 고민은 이지메, 학교 부적응, 개인 성격 등을 이유로 공교육을 포기하는 초·중생이 매년 크게 늘고 있다는 점이다. 문제의 심각성에 눈을 뜬 오쿠치 게이코(도쿄슈레 이사장)는 자녀들이 이지메를 당한 학부모들과 함께 '등교 거부를 걱정하는 전국 네트워크'를 결성한 후 1985년 도쿄슈레를 세웠다. 그가 도쿄슈레를 세운 것은 오쿠치 자신도 아이가 이지메를 당한 바 있는 초등교사 출신이기 때문이다. 도쿄슈레는 도쿄 내 신주쿠, 오지, 오타 등에서 운영되며, 학교 활동 시간은 오전 10시부터 오후 5시까지이나, 원하는 시간에 나와 자기가 하고자 하는 것을 한 후 원하는 시간에 하교한다.

　교과목도 학생들이 매주 자율적으로 회의를 열어 결정한다. 국어나 수학 등 일반 교과목 외에 동물 키우기나 만화, 요리, 악기 실습, 컴퓨터 배우기 등이 있다. '혼자 놀기'라는 과목도 있다. 학생들은 교사를 '스태프(staff)'라고 부른다. 한 스태프는 "선생은 아이들에게 이유를 말해주지 않고 지시하고, 아이들은 이런 지시를 무조건 따라야 하는 것으로 인식되고 있기 때문에 선생님이라는 호칭을 안 쓴다"고 설명했다. 선생님이 시키는 것을 하는 것이 아니라, 자유롭게 사고하고 자신의 의지대로 행동하도록 한다는 것이다.

　도쿄슈레에는 수업 시간과 쉬는 시간의 구분이 없다. 남자 아이들 대여섯 명은 1층 공간 한 구석의 서고 앞에서 만화책을 뒤적이며 소곤소곤 이야기를 나누고 있다. 그런가 하면 한 여자 아이는 게임기 속 강아지와 놀고 있다. 올해 초부터 슈레에 다니기 시작했다는 사와리지 에이코(가명)는 "공부에 대한 부담과 압박이 없어 좋다"며, "친구들과 재미나게 지낼 수 있기 때문에 이곳 생활에 만족한다"고 전한다. 이곳 스태프들은 학생들에게 선생님이 아닌 언니, 누나, 오빠, 형으로 인식되고 있다. 한 스태프는 "이곳에는 학생과 스태프가 서로에게 도움이 되는 존재"라며, "학생도 스태프도 슈레가 학교라고 생각하는 사람은 없다"고 말한다. 오쿠치 이사장은 "학생들의 무책임과 무질서를 걱정하는 사람도 있지만, 학생들은 오히려 자주적으로 행동하고 사회에 적응하는 습관을 배운다"고 강조한다.

1999년 이 학교 졸업생을 대상으로 미니 대학인 슈레대학을 설립했다. 이 대학은 학생 스스로 만들어가는 대학으로서 따로 커리큘럼 없이 수업이 진행되며, 졸업장이나 졸업자격 없이 언제든지 배우고, 언제든지 떠날 수 있는 곳이다. 50여 명의 강사진이 어드바이저로 활동하며, 1년 학비는 54만 엔 정도로 일반대학과 비슷하다.

이와 비슷한 학교가 영국 Suffolk주의 레이스턴(Leiston) 타운에 있는 서머힐(Summerhill) 학교이다. 시간표 짜기부터 출석까지 모든 게 자유롭고, 모든 수업은 필수가 아니라 선택이다. 학교 다니는 내내 수업을 듣지 않아도 괜찮고, 원하는 수업만 들어도 상관없다. 서머힐을 직접 다녀본 학생은 "아이들은 각자 자기의 시기가 있고, 그 시기가 되면 알아서 열심히 배우기 때문에, 오히려 일찍 시작한 경우보다 더 공부를 잘할 때가 많고요. 일반인이 생각하는 것처럼 무질서하지 않아요"라고 말한다. 이 학교에는 학생들이 직접 만든 2백 개가 넘는 규칙들이 존재한다. 24시간 삶의 소음들이 가득한 기숙사 생활을 하며, 공동체를 느끼고 선생님과 취미가 맞아 텃밭에서 요리 재료를 구해다 같이 요리를 해먹기도 하면서, 자연스럽게 선생님이 친구이자 멘토가 되는 것이다. 학생 한 명 한 명을 특별하다고 말해주는 학교이며, 내가 나답게 주인이 되어 살아나갈 수 있는 방법을 가장 잘 배울 수 있는 곳이다.

현재 우리나라에서 대안학교 설립은 매우 어렵고, 정부 지원을 받지 못하는 미인가 학교가 많다. 일부 국회의원들이 이를 합법화하려는 움직임이 있으나, 아직은 매우 미약한 실정이다. 현재 미국에서 홈스쿨링 제도를 활용하는 학생들이 점차 증가(대략 10% 추정)하고 있다. 이는 몇 년에 걸친 법정 공방 끝에 얻어 낸 결과로서, 1993년 부모가 유치원에서 대학까지의 모든 교육과정을 집에서 가르치는 것이 합법화됐다.

미국의 모든 주는 1년에 2, 3차례 정도 교육 관계자가 해당 가정을 방문, 교육 실태를 확인하는 조건으로 부모의 재택 교육권을 인정하고 있다. 우리나라도 일부 홈스쿨링을 실시하는 가정이 있지만, 2012년 현행법상 의무교육으로 규정된 초·중등 과정을 무시하면 100만 원 이하의 과태료를 물게 되어 있는 등 제도적 규제가 있다. 하지만 처벌 받은 사례는 없다. 공교육과 사교육을 대립적으로만 볼 것이 아니고, 아이들의 개성과 인성을 중시하는 학교들을 선별하여 자율 경쟁토록 하는 제도와 문화가 우리나라에도 언젠가는 정착되리라 기대한다.

신앙 공동체

주님이 원하시는 신앙 공동체는 평신도교회(대안교회 또는 개혁교회)의 성격을 가져야 한다. 즉 모두가 받은 바 은사대로 '주의 종'으로서 사역을 담당하면서, 수평적 참여자로서 소임을 다하는 가운데 나눔과 섬김의 정신을 실천하는 터가 되어야 할 것이라고 생각한다.

예수님은 제자 모두를 바리새인 학파와 같은 교육 기관에서 공부한 신학자들이 아니라, 힘없고 죄 많은 사람들을 '주의 종'으로 선택하셨다. 왜 한두 명이라도 율법에 정통하고 지식이 많은 이들을 쓰지 않으셨을까? 똑똑한 이들을 데리고 일하시면 편하셨을 텐데 말이다. 여기에 하늘의 비밀이 있고, 주님의 뜻이 있는 것이다. 잘난 사람은 하나님과 이웃 사랑하기가 하늘의 별 따기만큼 힘들고 어렵지만, 못난 사람은 자신의 처지를 통해 타인을 사랑하는 것이 몸에서 자연스럽게 배어나올 수 있는 것이다. 여기서 우리의 신앙 공동체도 자격증을 갖고 있는 소수에 의한 비즈니스적 번영신학을 추구하는 신학도들의 소유물이 되어서는 안 될 것이다.

어느 신학대 교수로부터 "요즘 신학생들은 소명을 받아 입학하기보다는 안정된 직장을 찾는 곳으로 신학대를 선택한다"는 충격적인 이야기를 들었는데, 사실이 아니길 바란다. 물론 어려운 사람들을 위해 곳곳에서 하나님의 사명을 감당하는 충성스런 신학도도 많이 계신다. 진정한 예배자는 가난하고 갇히고 상한 자들을 위한 작은 교회를 지향하고, 연합하여 동거함으로써 합력하여 선을 이루려 할 것이다.

국내에 이와 같은 평신도교회가 20여 년 전부터 태동하기 시작하여 지금은 곳곳에 퍼져 있지만, 아직 그 수는 매우 적다. 현재는 미약하지만 장차 창대해질 것을 믿는다. 평신도 공동체가 작게, 신실하게 여러 곳에 생겨나기를 소망한다. 해외에서는 이런 평신도교회의 역사가 더 오래되어, 메노나이트, 아미쉬, 브루더호프와 같은 생활 공동체까지 이어져 있다. 메노나이트는 16세기 종교개혁 시, 성경의 가르침에 근거한 보다 근원적(radical)인 개혁을 요청했던 그룹에서 시작된다. 이들은 성경이 증언하는 세례의 참 의미가 유아세례에 있지 않다고 보고, 성인 크리스천으로서 신자의 세례(Believer's baptism)를 서로에게 주었기 때문에 아나뱁티스트(재세례파)라고 불리게 된다. '메노나이트'라는 이름은 아나뱁티스트 리더로 활동했던 메노 시몬스(Menno Simons)에서 비롯되었다. 네덜란드의 가톨릭 사제였던 메노 시몬스는 저술 활동과 성경을 연구하면서 당시 잘못된 교회의 가르침을 바로잡고 이를 실천하려고 노력했다.

현재 메노나이트 교회는 전 세계적으로 150여만 교인이 있다. 미주, 아프리카, 유럽, 아시아에 분포하고 있고, 제자도, 평화, 공동체라는 핵심 가치 아래 그리스도 중심의 성경적 교회를 만들기 위해 화해와 평화의 사역을 실천하고 있다. 1920년 이후로 메노나이트 교회는 자체 메노나이트 구호단체를 결성했다. 국내는 물론 국제적으로 도움이 필요한 곳에 자원봉사자, 선교사를 파송하여 하나님 나라를 위해 신실하게 사역을 감당하고 있다. 16세기의 초기 메노나이트들은 스위스, 독일, 네덜란드를 중심으로 활동했으나, 박해로 말미암아 러시아, 미국, 캐나다로 이주했다. 신앙의 자유를 보장받을 수 있는 미국과 캐나다에 정착한 후, 평신도가 교회 개혁운동의 중추적인 역할을 감당하며 많은 교단에 영향을 끼치게 되었다. 아나뱁티스트 운동은 퀘이커, 역사적 평화교회에 직접적인 영향을 주었으며, 간접적으로는 침례교, 청교도, 감리교에 영향을 끼치기도 했다. 우리가 알고 있는 브루더호프 공동체, 레바플레이스 공동체는 아나뱁티스트 공동체로서, 전 세계 공동체와 교회 리더들에게 지대한 영향을 끼치고 있다.

메노나이트의 특징은 다음과 같다.

① 국가와 종교의 분리 : 국가와 종교는 별도의 영역에 존재하며, 국가와 종교의 관계에서 상호적인 영향이 최소화되지 않으면 종교의 순수성이 오염되고 정치의 도구가 되는 상황이 발생하며, 세속적 국가는 예수 그리스도 뜻을 온전히 따르는 것이 가능하지 않다고 본다.

② 만인 제사장 : 평신도들이 돌아가면서 목사 역할을 하는 형태로, 목회자와 평신도의 수평 관계를 유지하는 것은 초대교회가

목회자 없이 집사(deacon)들이 주축이 된 평신도 교회였다는 것과 관련 있다.

③ 평화·비폭력주의 : 모든 그리스도인은 평화를 위해서 일하도록 부름받았다는 평화주의 - 문화, 종교를 초월한 분쟁 조정, 구제 활동을 벌이고 있다.

④ 제자도 강조 : 그리스도인의 삶은 예수를 하나님의 아들로 믿는 것만으로는 부족하며, 자발적으로 예수의 가르침을 따르려는 자세가 동반되어야 함을 강조한다.

⑤ 양심적 병역 거부 : 병역을 사회봉사로 대체하는 종교적인 성격의 양심적 병역 거부 실천 - 다만 이 실천도 교회 내의 압력에 의해서가 아니라, 철저히 자발적이어야 한다. 그 외 단순한 삶, 봉사와 섬김, 그리고 상호 원조를 중시한다. (〈참고〉 코넬리우스 딕, 『아나뱁티스트 역사』)

종교개혁의 슬로건은 '만인제사장'의 회복이었다. 루터와 칼빈, 츠빙글리는 신과 개인적인 관계에 관하여 신자가 제사장임을 인정했지만, 교황의 권력에 밀려 결국 타협하게 되었다. 그럼으로써 사제의 모습을 상속하는 목사가 탄생하게 된 것이다. 그러나 진정한 리더는 자기가 우두머리임을 강조하거나 강요하지 않는다. 이것은 우리가 하나님을 우리 구주이며 아버지로서 자연스럽게 경배할 뿐, 자신을 우상화하지 않는 것이다. 목사는 하나님께서 우리에게 주신 은사 중의 하나일 뿐이고, 모든 성도들을 이끄는 사람이 아니라 함께 동행하는 'One of Us'인 것이다. 대안교회에도 목사와 같은 리더가 있다고 한다면, 결국 루터가 대세에 밀려 사제로 남았듯이, 기존교회의 변형물이 되어 진정한 초대교회로 돌아가지 못하는 요인이 될 것이다. 비록 목사로 안수를 받았더라도 솔선수범의 자세로 지위를 내려놓고, 평신도의 위치에서 받은 은사대로 맡은 바 일을 해나가면 되는 것이다. 그리고 의사결정도 모든 멤버가 세운 공동체 내 운영위원회의 만장일치제로 하는 것이 더디게 판단할 수는 있어도 독단적이고 잘못된 결정이 발생되지 않게 할 것이다. 일반 사도인 바울이 당시 제자들의 대표인 베드로가 이방인과 식사하는 것을 숨기려 했던 것에 대해 공개적 비판을 했던 사실을 기억해야 한다. 여기서 성경이 말하는 하나님이 기뻐하시는 예배에 대해 살펴보자.

히브리서 10장 1-6절 "**율법은 장차 오는 좋은 일의 그림자요 참형상이 아니므로 해마다 늘 드리는바 같은 제사로는 나아오는 자들을 언제든지 온전케 할 수 없느니라 그렇지 아니하면 섬기는 자들이 단번에 정결케 되어 다시 죄를 깨닫는 일이 없으리니 어찌 드리는 일을 그치지 아니했으리요 그러나 이 제사들은 해마다 죄를 생각하게 하는 것이 있나니 이는 황소와 염소의 피가 능히 죄를 없이 하지 못함이라 그러므로 세상에 임하실 때에 가라사대 하나님이 제사와 예물을 원치 아니하시고 오직 나를 위하여 한 몸을 예비하셨도다 번제함과 속죄제는 기뻐하지 아니하시나니**"에서 하나님은 많은 음식과 예물이 준비된 찬란하고 요란하며 형식적인 제사를 원하지 않는다고 말씀하고 계신다. 시편 51편 16-17절을 보면, "**주는 제사를 즐겨 아니하시나니 그렇지 않으면 내가 드렸을 것이라 주는 번제를 기뻐 아니하시나이다 하나님의 구**

하시는 제사는 상한 심령이라 하나님이여 상하고 통회하는 마음을 주께서 멸시치 아니하시리이다"라고 다윗 역시 이런 고백을 하고 있다. 하나님은 회개하는 마음으로 예배드리는 것을 원하시기에 회개는 크리스천이 반드시 가지고 가야 할 의무이며 은혜이고, 세상을 향한 하나님의 출발선보다 더 우선시 되어야 하는 항목이다.

히브리서 13장 15-17절 "그러므로 우리는 **예수로 말미암아 항상 찬송의 제사를 하나님께 드리자** 이는 그 이름을 증언하는 입술의 열매니라 오직 **선을 행함과 서로 나누어주기를** 잊지 말라 하나님은 이 같은 제사를 기뻐하시느니라 너희를 인도하는 자들에게 순종하고 복종하라 그들은 너희 영혼을 위하여 **경성하기를** 자신들이 청산할 자인 것같이 하느니라 그들로 하여금 즐거움으로 이것을 하게 하고 근심으로 하게 하지 말라 그렇지 않으면 너희에게 유익이 없느니라"에서 보듯, 신자가 만족하는 예배가 아니라, 하나님이 기뻐하시는 예배를 드리는 것이 성도의 도리이며 기쁨이 되어야 한다. 그런데 단지 사람을 모아 크게 보이고 많게 보이려는 마음은 욕심에서 나오는 것이니 이를 제거해야 할 것이다. 예배는 예수님의 말씀과 삶 속에서 보이신 행함에 근거하여 하나님의 위대하심과 영광을 찬양하고 이를 증언하는 간증의 시간이 병행될 때 이를 기뻐 받으시는 것이다.

경성은 영적으로 늘 깨어 있는 것을 의미한다. 예배 인도자들은 자신과 이웃을 경성하도록 애쓰고, 유종의 미를 거두기 위해 마지막 때를 준비하는 마음으로 예배를 진행해야 하며, 누군가에게 잘 보이려는 것이 아닌, 하나님을 기쁘시게 하려는 즐거움으로 해야 하는 것이다. 사도신경 암송, 헌금 축송, 성가대 찬양, 장시간의 설교 등이 누구를 위한 것인지 냉철하게 분별하고, 진정으로 주님이 원하시고 기뻐하시는 방법과 절차를 변경해 나가는 것이 필요할 것이다.

사도신경은 사도가 만들지 않았는데 12사도의 기도가 서로 이어져 만들어졌다는 것은 로마 가톨릭에 의해 4세기 이후부터 가공된 이야기로, 8세기까지 수정 변경되어 이어져온 가톨릭 신경인 것이다. 마리아는 예수님 외에 다른 자식을 낳았기에 동정녀가 아님에도 불구하고 우상 숭배되고 있으니, 현재 성당 내 마리아 동상이 많은 것을 통해 알 수 있다. 또한 빌라도는 예수님의 무죄를 인정하여 놓아주려 했지만, 당시 하나님을 믿는다는 유대의 제사장들과 바리새인들이 예수를 죽인 것이니, 성경과 다른 내용을 담고 있다. 영어 사도신경에는 예수가 죽으신 후 지옥에 가셨다가 천국으로 부활하셨다고 하는데, 한국에서는 지옥이라는 말을 생략했다. 목회자들이 지옥을 언급하지 않은 의도를 짐작할 수 있다(suffered under Pontius Pilate, was crucified, dead, and buried. He descended into hell. The third day He rose again from the dead. He ascended into heaven).

공교회는 영어 사도신경에 catolic church로 되어 있고, 최근에는 universal이라고 변경했다. 성도의 교제에서 '성도'는 saints로서 일반 신도가 아닌 성인으로 추앙받는 위인으로, 죽은 이들의 뼈나 옷을 만짐으로써 병 고침 받는다는 가톨릭의 관습에서 나온 것이다. 이는 죽은 이들과 교제하라는 것이다. 이처럼 사도신경은 인간이 정치적 목적을 가지고 우상 숭배와 비성경적 가치관에 의해 불순한 의도를 가지고 만들어진 것이며, 주님께서 가르쳐 주신 주기도문과는 차원이 다르다. 그러므로 주기도문만으로도 우리의 신앙을 고백하기에 충분할 것이다.

예배는 모든 예배자가 만인제사장이라는 생각하에 함께 참여하는 것이 되어야 하는데, 지금은 정해진 몇 사람에 의해 주도되고, 나머지는 방관자 또는 구경꾼이 되고 있지 않은가 돌아봐야 할 것이다. 말씀도 돌아가면서 전파하고, 간증을 통해 서로의 나약함과 성령의 도우심을 나누며, 찬양과 기도도 성령의 인도하심으로 모든 신도들에 의해 진행되어야 할 것으로 사료된다. 이것들을 정리하면 다음과 같다.

하나님이 기뻐하시는 영과 진리로 진정한 예배(요 4:23)

① 찬양 : 인도자가 리드, 누구나 성령이 인도하심에 따라 선택
   (3-5곡)

② 시작기도 : 인도자(미리 써온 것을 읽지 않고 성령의 인도로)

③ 말씀 : 설교는 모두 돌아가면서 하고 자발적 참여자를 우선
   (20분 내)

④ 간증 : 설교에 맞는 간증 우선, 없을 시 자유 주제 가능

⑤ 찬양 : 인도자 및 희망자

⑥ 통성기도 : 인도자(설교자)가 주제 선정, 참여자의 즉석 제안
   도 수용

⑦ 주기도문

⑧ 식사 및 커뮤니케이션 시간

- 예배 시간 : 총 60분 내외
- 형식적 예배 배제 : 주보 비제작
- 쌍방 의사소통 중시 : 설교시간에도 질문 가능
- 원형으로 착석 : 교탁 불필요(예배자는 구경꾼이 아닌 수평적 참여자)

히브리서 10장 9-10절 **"그 후에 말씀하시기를 보시옵소서 내가 하나님의 뜻을 행하러 왔나이다 하셨으니 그 첫 것을 폐하심은 둘째 것을 세우려 하심이니라 이 뜻을 좇아 예수 그리스도의 몸을 단번에 드리심으로 말미암아 우리가 거룩함을 얻었노라"**에서 첫 것은 율법이나 제사를 의미하고 둘째 것은 회개를 통한 구원이니, 예수의 피와 살이 우리를 죄악에서 한 번에 구하시므로 우리는 거룩함을 지키며 살아가야 할 것이다. 23-25절 **"또 약속하신 이는 미쁘시니 우리가 믿는 도리의 소망을 움직이지 말고 굳게 잡아 서로 돌아보아 사랑과 선행을 격려하며 모이기를 폐하는 어떤 사람들의 습관과 같이 하지 말고 오직 권하여 그날이 가까움을 볼수록 더욱 그리하자"**에서 우리가 해야 할 바를 가르쳐 주셨다. 그러므로 도리의 소망은 우리가 반드시 하기를 원하는 것으로, 예수 그리스도를 주로 모시고 그의 뜻대로 살기 위해서 서로 사랑하고 서로 선한 일을 도모하며 공동체 안에서 살아갈 때 주님의 재림에 선택받을 수 있게 될 것이다.

주님, 오늘도 형식적이고 어떤 욕심을 채우기 위한 제사보다는 주님의 뜻을 따르는 제자의 마음과 영으로 주님이 기뻐하시고 모두가 참여하며 희락과 평안을 누리는 진정한 예배를 드릴 수 있도록 인도하시고, 이웃과 더불어 사랑과 선행을 격려하며 살도록 지혜를 내려 주소서. 아멘.

찬양 : 주를 위한 이곳에

우리가 보통 리더라는 말을 쓸 때 어느 조직의 우두머리 또는 대장의 의미로 표현한다. 그러나 필자가 생각하는 평신도교회에는 리더가 없다. 왜냐하면 대안교회는 1인 중심의 기존 교회 체제를 극복하기 위해 초대교회의 첫 모습으로 돌아가고자 형성된 공동체이기 때문이다. 현재 교회는 목사가 1인 3역(당회장, 공동의회장, 재직의회장) 이상을 감당하고 있는데, 도대체 이 의회는 누가 만들었는가? 바로 비즈니스 상에서나 쓰이는 용어가 성스러운 신앙공동체인 교회 안에서 사용되고 있는 것이다. 목사는 과연 누구인가? 목자와는 어찌 다른가?

평신도와 성직자의 구분은 비성경적이라 할 수 있다. 목사는 가톨릭(천주교)의 교황, 추기경, 주교, 신부, 불교의 주지스님, 방장스님, 법주스님 등과 같이 인간이 만든 계급처럼 사용되는 개념이다. 신은 인간에게 신앙을 가지라 했지, 계급을 갖는 종교를 믿으라 한 것이 아님을 상기해야 한다. 베드로전서 2장 9절을 보면, **"너희는 택하신 족속이요 왕 같은 제사장들이요 거룩한 나라요 그의 소유가 된 백성이니"**라고 쓰여 있다. 평신도나 목사는 모두 제사장이고 백성이며, 목사도 이전에는 평신도였음을 기억해야 한다.

목사는 학위로써 직업적 성격으로 변모된 세상적 접근에서 파생되었으니, 진정으로 주님을 만났다면 변호사, 판사, 의사처럼 자신을 직업적으로 드러내기보다는 더 낮추려는 마음으로 나눔과 섬김의 자세로 살아가게 될 것이다. 어렵게 살아가며 힘들게 현실 세계에서 생활하는 신도들의 헌금을 통해 자신의 급여를 채우려는 생각조차 하지 않는 것, 그것은 바울이 노년까지 천막을 치며 자기에게 연보를 하지 말도록 권유한 데서 배울 수 있다.

앞에서 언급했듯이 예수님의 제자 중 신학대학 출신이 전무하다. 그 시절에도 바리새인이 공부했던 가말리엘 학파(유연한 율법주의), 삼마이 학파(철저한 율법주의) 등 사립적 학교 기능이 있었지만 12제자 모두 어부, 세리 등 보통사람 이하를 선택하신 점을 상기해야 한다. 바리새인, 사두개인(사제직을 독점하고 유대의 최고 정치기구인 산헤드린을 장악한 귀족들)의 조직은 천주교의 사제 제도에서 루터의 개혁 이후 개신교까지 그대로 이어져, 오늘날의 신학대학과 같은 기능을 하고 있다. 목사라는 말은 한글 성경 전체를 통틀어서 에베소서 4장 11절 **"그가 혹은 사도로, 혹은 선지자로, 혹은 복음 전하는 자로, 혹은 목사와 교사로 주셨으니"**에만 유일하게 기록되어 있다.

목사에 해당되는 원어 성경의 헬라어는 포이멘(ποιμὴν)이니 목자라는 뜻이다. 신약에서 대부분 예수님을 지칭하다 보니 목자라고 번역하기 부담스럽고, 신학대학을 졸업한 영어권 목사들이 자신들의 지위를 위해 목사(pastor)로 번역했다는 설과 함께, 우리나라에 처음 들어온 선교사가 목자도 군사부일체와 같이 스승과 같기에 뒤에 스승 '사'를 붙였다는 말로 전해 오고 있다. 정치적 목적이 있든 없든, 목자를 목사로 번역하여 직업을 의미하고 남보다 높은 지위를 가진 사람으로 취급하는 것은 예수께서 마태복음 23장 6-10절 **"잔치의 상석과 회당의 상좌와 시장에서 문안 받는 것과 사람에게 랍비라 칭함을 받는 것을 좋아하느니라 그러나 너희는 랍비라 칭함을 받지 말라 너희 선생은 하나이요 너희는 다 형제니라 땅에 있는 자를 아비라 하지 말라 너희 아버지는 하나이시니 곧 하늘에 계신 자시니라 또한 지도자라 칭함을 받지 말라 너희 지도자는 하나이니 곧 그리스도니라"**에서 말씀하신 것에 정면으로 위배되는 것이다. 세상 사람들은 선생이라는 호칭과 같이 높은 지위로 불리기를 원하나 주님께서는 이를 금지하셨고, 상로·집사도 아닌 단지 형제·자매로 호칭하기를 원하셨다. 즉 지도자인 리더는 주님밖에 없기에 교회 내에서 리더를 논하는 것은 어리석은 일이고, 단지 외부 세상과 상대하기 위해서 대표의 역할이 있을 뿐이라고 생각한다.

고린도전서 12장 27-28절 **"너희는 그리스도의 몸이요 지체의 각 부분이라 하나님이 교회 중에 몇을 세우셨으니 첫째는 사도요 둘째는 선지자요 셋째는 교사요 그 다음은 능력이요 그 다음은 병 고치는 은사와 서로 돕는 것과 다스리는 것과 각종 방언을 하는 것이라"**를 보면, 바울은 교회에서의 서열을 얘기하는 것이 아니라 지체의 부분을 그냥 나열한 것인데, 이것을 서열이라고 설명하는 경우가 있다. 목자는 서로 돕는 것과 다스리는 것을 담당한다고 볼 수 있는데, 여러 지체 중의 한 부분일 뿐이라는 것이 명백히 나타나 있다.

29-31절 **"다 사도겠느냐 다 선지자겠느냐 다 교사겠느냐 다 능력을 행하는 자겠느냐 다 병 고치는 은사를 가진 자겠느냐 다 방언을 말하**

는 자겠느냐 다 통역하는 자겠느냐 너희는 더욱 큰 은사를 사모하라 내가 또한 제일 좋은 길을 너희에게 보이리라"에서 큰 은사는 주님의 큰 계명을 지키고 주님 뜻대로 살면 기쁨과 평안이 항상 함께함을 의미하는 것이다. 디모데전서 3장에 감독·집사, 디도서 1장에 장로·감독에 대한 자격이나 역할에 대해서 감독을 목사라고 설명하는 분들이 많지만, 너무 인위적 해석이라고 할 수 있다. 하나님의 사역을 담당하는 성도들은 모두 같은 위치에 있어야 하고, 단지 맡은 직무가 은사별로 다른 것이며, 공동체·교회 조직 내에서 대표되는 직무를 가진 운영위원들을 세워 주요 의사결정을 하는 것이 성경적이라 할 수 있다. 베드로전서 2장 25절 "너희가 전에는 양과 같이 길을 잃었더니 이제는 너희 영혼의 목자와 감독 되신 이에게 돌아왔느니라"에서 목자와 감독을 별도로 나열한 것은 목사가 감독이 아님을 알 수 있다. 우리의 목자와 감독 되신 분은 예수 그리스도이시다.

결론적으로, 목사라는 단어가 교회 내 랍비로 그 의미가 와전되어 사용되고 평신도와의 등급을 나누기 위해 쓰인다면, 이제 더 이상 교회 내 존재하지 말아야 할 지위가 된 것이라고 보며, 이를 안타깝게 생각한다. 진정한 하나님의 사람은 잃어버린 한 마리의 양을 찾기 위해 99마리의 양(하나님을 믿는 자이기에 방황하지 않을 것을 앎)을 버릴 줄 아는 지혜가 있으며, 양을 찾았다고 자신을 드러내기보다는 이웃 모두와 기쁨을 나누는 겸손과 온유의 소유자라 할 수 있다. 절대 자신의 부와 권력과 명예를 위해서 일하지 않는다. 의를 실현하기 위해서라면 99명의 절대 다수를 그 자리에 기다리게 할 수 있는 사람이다.

따라서 주님을 영접하고 믿는 자는 모두가 사역자이며 수평적 관계를 갖는다. 교회 재산을 소유하거나 세습하거나 헌금을 강요하는 일이 있을 수 없는 비성경적임에도 불구하고 이것이 행해지고 있는 것은 예수님 시절과 별반 다름없이 내려오는 거짓 선지자, 적그리스도가 존재하기 때문이다. 목사, 목자 모두 하나님을 믿는 평신도일 뿐이다. 결론적으로, 목사 분들 중에는 훌륭한 분도 많이 계시지만, 지금과 같은 시스템하에서는 인간이 만든 체계가 비성경적으로 운영되고 있어 하나님이 원하시는 신앙의 체계가 왜곡되어지고 있다. 일반 신도들이 이것을 모른 채 목사를 하나님보다 더 숭상하는 우상 숭배의 죄를 범하도록 만들고 있다. 그러므로 하루 속히 주님이 말씀하신 세상으로 바뀌어야 한다고 생각한다.

생활 공동체

이것은 같은 시간과 공간 내에서 함께 살아가는 조직의 형태이다. 성격이 다른 사람들이 모여 살면 갈등과 다툼이 있기 마련이다. 하지만 주님의 말씀과 뜻에 따라 용서와 사랑으로 합력하여 선을 이루며 사는 것은 화려하지는 않지만, 단순하고 소박한 삶 속에서 기쁨과 평안을 얻게 할 것이다. 세계 곳곳에 있는 생활 공동체 중의 몇 곳을 소개하고자 한다.

먼저 가톨릭과 개신교를 아우르는 국제 공동체인 **떼제**는 1940년 로제 수사가 동부 프랑스의 작은 마을 떼제에 정착하면서 시작됐다. 떼제의 형제들은 평생 영적·물적 재산을 공유하며 독신 생활과 단순 소박한 삶에 투신한다. 하루 세 차례 드리는 공동기도가 떼제 생활의 중심이다. 매주 이곳에서 열리는 청년 모임에는 수천 명이 참가해 기도와 성찰, 나눔을 한다. 10년 이상 이 공동체는 세상에 거의 알려지지 않은 채 조용히 성장했다. 그러나 교회와 신자들은 구체적인 인간 역사와 상황 속에 살면서 그리스도를 증거해야 한다는 것이 로제 수사와 이 공동체의 신념이었으므로, 1950년부터 가난하고 고통받는 이들과 함께하기 위해 형제들이 파견되기 시작했다. 첫 수사들은 모두 프로테스탄트였지만 1969년부터는 가톨릭 신자들도 입회하여, 오늘날에는 5대륙 25개국에서 온 100여 명에 이르는 수사들이 소속되어 있다.

이 공동체는 전쟁과 불의의 희생자들을 맞이하는 장소가 되어왔다. 초창기 때부터 그리스도인들의 일치를 모색해오다가, 1960년에 종교개혁 이후 처음으로 가톨릭 주교들과 프로테스탄트 목사들이 한 자리에 모여, 일반인들로 하여금 친교를 직접 체험할 수 있는 방안을 모색했다. 그 대표적인 예가 젊은이 모임과 신뢰의 순례이다. 1986년에는 교황 요한 바오로 2세가 순례자의 한 사람으로서 이곳을 방문하기도 했다. 이 공동체의 가장 핵심을 이루는 것은 화해와 신뢰이다. 이곳은 독신 생활과 스스로 노동하여 번 돈으로 소박하게 살며, 토지도 소유하지 않고 자본도 축적하지 않는다. 처음부터 자신들을 위해 어떤 선물이나 기부금은 받지 않았고, 수사님

중에 재산을 상속 받게 되면 가난한 자를 위해 쓰이게 된다.

형제가 되고자 하는 사람은 수년간 살아보고 종신 서원을 결정할 수 있으며, 공동체 규율은 최소한의 규칙으로 구속하지 않고 붙잡지 않으며, 누구든지 와서 하고 싶은 만큼만 하면 되고 힘들면 쉬었다 해도 된다. 예배의 중심이 설교가 아니라 찬양이라는 점이 한국 교회와 많이 다르다. 설교는 단문의 성경 읽기와 묵상 기도로 대신한다. 그 이유는 여러 나라 언어로 읽어야 하는 것도 있지만, 내용이 길면 묵상하기 어렵기 때문이다. 찬양은 짧고 반복적인 가사로 하는데 깊은 영적 울림이 있으며, 멜로디는 기교가 없고 단순하지만 독특한 아름다움이 있다. 떼제의 형제들은 삶의 봉헌과 공동생활을 통해 분열된 교회와 세상 안에서 화해의 표징이 되고자 노력한다. 로제 수사는 이를 '일치의 비유' 또는 '공동체의 비유'라고 말한다.

사실 이 공동체는 수사들의 수가 적은 공동체이지만, 설립한 지 50여 년이 흐르면서 그리스도인의 일치가 가능한 것임을 실천으로 보여주었다. 서로 다른 그리스도교 전통을 가진 수사들이 함께 모여 소박한 삶 속에서 일치를 생활화함으로써 많은 사람들에게 일치를 향한 가능성과 희망을 일깨워준 것이다. 1979년 처음으로 떼제의 형제들이 한국에 들어왔으며, 현재 외국인 수사들이 서울 화곡동에서 생활하고 있다. 이들은 다른 공동체와는 달리 어느 나라에서건, 비록 오래 머물더라도 잠정적인 체류로 여기며, 분원을 만들어 정착하지 않는다. 그러므로 한국에서도 지원자를 모집하거나 수도원을 세우지 않는다. 이들은 특별한 사업을 벌이기보다는 '공동체의 비유'로 살아가는 것을 우선으로 삼는다. 또 수사들은 한국 그리스도인들의 일치에 특별한 관심을 기울이는 한편, 동시에 불교의 승려들을 포함하여 비 그리스도인들과도 많은 개인적 접촉을 가지고 있다.

독일의 **지벤 린덴**(Sieben Linden) 공동체는 1997년 20여 명의 타지 사람들이 포파우(Poppau)라는 지역의 불모지를 매입하여 등불과 잘 집이나 공간이 없어서 끌고 온 차에서 생활하며, 마구간을 생태적 건물로 재건축하고 공동의 공간으로 활용했다. 1999년 주택을 새로 건축하기 위해 협동조합을 만들어 모든 건축물들을 계획하고 지었다. 이들 건물 중 짚과 나무, 진흙을 이용해 단열을 강화한 스트로베일 하우스는 지벤 린덴의 공동체 구성원뿐만 아니라 세계 각국에서 찾아든 사람들이 함께 지은 집이다. 그 외 게스트하우스, 영업장들을 하나하나 지었다. 현재 생태마을이 소유한 땅은 약 24만6천 평인데, 10%는 집과 게스트하우스, 주방, 카페, 명상, 세미나 등을 위한 공간으로 사용되고 있다.

단작으로 척박했던 땅을 비옥한 땅으로 가꾸어 각종 유기농 채소와 과일을 재배한다. 식탁에 오르는 70%가 이곳에서 생산된 것이며, 모자라는 양은 지역에서 생산된 유기 농산물로 충당한다. 전체 땅의 반은 숲으로서, 필요한 목재와 장작을 공급해주는 곳이며, 어린이들을 위한 '숲속 유치원'이 자리한 곳이기도 하다. 그렇게 지금은 어른과 어린이가 대략 3대 1의 비율로, 0세부터 77세까지 135명이 다양한 가구 형태를 이루며 살고 있다. 마을 입구의 안내판에는 마을을 돌아볼 때는 발길이 닿았던 길을 이용하고, 마을 내에서 차량은 운행되지 않으며, 휴대폰을 꺼야 하고, 흡연도 정해진 공간에서만 하도록 쓰여 있어, 친환경적 생태 마을임이 입증된다.

서로를 단단히 엮거나 구속하는 하나의 공통된 세계관이나 신념, 영성은 존재하지 않는다. 또 다른 사람들에게 높은 목표나 올바른 인식을 관철시키려고 하지 않으며, 고정된 운영 원리도 없다. 약간의 불일치는 종종 큰 동력이 된다는 철학으로, 민감한 무질서(Chaos) 속에서 공동체로서의 실천은 서로를 지속적으로 이해하려는 노력으로 연결된다. 모든 것을 합의해서 결정할 수 있도록 서로 수용하고, 함께 좋은 해법을 얻기 위해 공동으로 노력하는 것이 목표이다. 초기 지벤 린덴의 절대 원칙은 합의결정 방식이었지만, 현재는 2/3의 찬성으로 결정한다. 반대하지만 함께하겠다거나 기권도 가능하며, 거부권을 행사하는 사람은 다음 회의 때까지 대안을 가져와야 한다. 결정의 위계 구조는 없으며, 소규모로 분화된 책임 그룹에서 결정한다.

건물 대부분은 유럽에서 가장 두꺼운 벽이라는 스트로베일 하우스로 지었고, 태양열이 충분치 않으면 장작을 때는데, 65%의 전력이 태양광 전지로부터 생산된다. 난방과 조리에 전기를 쓰지 않고 각 가구마다 전기를 절약하기 때문에, 지벤 린덴 사람들의 전력 수요 역시 독일 평균 1/4에 그치고 있다. 물 순환 시스템 역시 잘 갖추어놓았고 지하수를 이용한다(독일은 대부분 식수로 지하수를 이용한다). 사용된 물은 식물정화 화단으로 흘러들게 설계해놓았고, 정화된 물은 관개에 이용하며, 물을 내리지 않는 화장실(퇴비 복합 화장실) 덕에 물 사용량은 독일 평균 1/3에 그친다.

생태마을 주거협동조합의 조합원으로서 개개인은 마을의 땅과 시설물을 위해 약 13,000유로의 출자금을 내고, 매달 100유로 정도의 운영 경비를 지불한다. 각자가 원하는 방식의 주택 공간을 짓고 살면서 달마다 공간 사용료를 부담한다. 공동으로 생필품을 공급하고, 개개인은 필요한 생필품을 공동의 창고에서 취하고, 이를 위한 일일 단위 비용을 지불한다. 예를 들면 공동식사를 이용할 경우, 식료품 및 생필품 비용으로 하루 6.8유로를 지불하며, 아이들을 위한 식료품 및 생필품 비용은 모든 어른들이 공동으로 부담하는 연대 재정 원칙을 세웠다. 마을 개개인은 자신의 재정을 스스로 책임지는 것을 기본으로 하기에, 개인이 벌어들인 수입은 개인에게 귀속된다. 협동조합에서 제공하는 숲이나 밭을 일구는 일, 주택조합에서 제공하는 행정업무나 건축 일, 생태마을 친구들이 제공하는 세미나나 외부인을 위한 행사 운영, 유기농 가게에서 운영하는 생필품 공급, 야생초, 천연제품 공급, 도서출판 등 많은 일들이 마을 안팎으로 다양하게 제공된다. 그렇게 해서 벌어들인 돈은 다시 마을 밖으로 빠져나가기 전에 내부에서 수없이 순환하며, 가능한 한 많은 사람들을 부양한다.

지벤 린덴을 건설하고 확장하는 데는 수많은 무보수 활동이 존재하는데, 이는 애초 공동기획의 기본이기도 했다. 예를 들면 정기적인 청소는 1주에 1시간, 그리고 여러 위원회 및 그룹에서의 활동은 1주에 5시간 등이 있다. (〈참고〉 임성희, 『독일의 생태마을』)

스코틀랜드의 **핀드혼**(Findhorn Foundation)의 1962년 설립자인 피터, 에일린, 도로시는 평범한 영국인들로서, 돈이 많지 않아 먹거리를 얻기 위해 양배추를 길렀다. 50여 년이 지난 지금 주민 600여 명, 세계 각지에서 찾아드는 방문객들은 해마다 3만 명이 넘는다. 이 척박한 모래땅에서 이들은 신과 자연과의 교감을 통해 무려 18 킬로그램이나 되는 양배추를 길러 내고, 스코틀랜드 환경에서 자라기 어려운 꽃들을 아름답게 피워내면서 핀드혼 농장은 세상에 알려지게 되었다. 1990년대 이후 핀드혼은 유럽 전역에 생태마을 모델로서 많은 영감을 불러일으켜, 생태계 복원, 경제·사회적 불평등 해결, 공동체적인 삶과 영성의 회복이라는 측면에서 유럽의 생태마을 운동이 다양하게 전파되는 데에 주요한 역할을 해오고 있다. 또한 국제사회에 알려지게 되면서 유엔훈련연구기구(UNITAR)의 국제 연수센터(CIFAL)로 지정되고, UN과 협력하여 지속 가능한 사회 모델로서 다양한 교육 프로그램을 진행하고 있다.

핀드혼은 마을 밖 사람들에게 활짝 열려 있다. 다양한 교육 프로그램과 강연, 워크숍을 통해 유연하게 세상 밖과 소통하고자 한다. 핀드혼이 지닌 가치와 삶을 지향하는 사람들의 수가 마을과 지역사회로 늘어나면서, 이들을 묶어줄 조직이 필요하다고 생각하여 NFA(New Findhorn Association)라는 조직체를 갖추게 된다. 이 조직의 구성원은 마을의 반경 18킬로에 있는 협동조합이나 사회적 기업의 형태를 띤 다양한 단체들과 개인이다. 현재 360명의 개인과 32개의 조직이 NFA에 가입되어 있는데, 이들이 바로 핀드혼 멤버라고 불릴 수 있다. 이 조직은 풀뿌리민주주의를 지향하며 달마다 회의를 열고, 이 회의에서 마을과 관련된 모든 사안이 다뤄지고, 민주적인 방식의 의사결정을 통해 모든 안건이 결정된다. 특히 매일 아침 '조율 모임'을 통해 하루의 해야 할 일을 결정하고 조율하는 시간을 갖는다.

생태마을 프로젝트의 한 고리로, 에너지 자립을 위해 바닷바람을 이용할 수 있는 풍력 발전기를 설치했고, 250KW의 바이오매스 보일러와 리빙 머신(Living Machine)이라 불리는 생태적으로 설계된 하수정화 장치를 고안했다. 모든 건축물은 생태적 자재와 천연 섬유질 단열재를 사용해 지어졌다. 핀드혼 방문자들은 일반적으로 게스트 하우스에 머물면서 핀드혼을 만날 수 있지만, 좀 더 적극적으로 사람들의 삶을 경험하고자 한다면 교육 프로그램에 참가할 수 있다. 체험 주간(Experience Week)은 가장 잘 알려진 인기 있는 프로그램으로, 핀드혼 마을 사람들이 강사로 참여한다. 참여자들은 마을의 역사를 공부하고, 영성을 체험하고, 실제 농장과 공동식당 등 마을 사람들의 일터에 찾아가 함께 일을 하면서 핀드혼을 입체적으로 경험할 수 있다. 이 프로그램을 이수하고 장기간 머물고 싶은 사람들은 '공동체 안에서 살기(Living in community)'라는 프로그램에 참여할 수 있다. 이 프로그램을 마치면 특별한 비용이 없이 마을 안에서 일할 수 있는 자격이 주어지고, 핀드혼 멤버가 될 수 있는 과정에 들어갈 수 있다. (〈참고〉 김우인, 『스코틀랜드 기행기』)

미국 노스캐롤라이나 주의 애슈빌 서쪽 골짜기에 있는 '**어스헤이븐 생태마을**(Earthaven Ecovillage)'에는 녹색혁명을 꿈꾸는 사람들이 1994년부터 모여 산다. 어스헤이븐은 '지구'와 '안식처'라는 두 단어를 합성해서 만든 말이다. 40만 평의 땅을 구입해 마을 건설이 시작됐고, 현재 60여 명이 살고 있다. 주민들은 버젓한 대학을 졸업하고 뉴욕, 워싱턴 등 대도시에서 직장생활을 하다가 이곳 생활을 자청해서 몰려들었다. 건축가, 에너지 컨설턴트, 물리치료사, 예술가 등 미국 사회에서 주류를 형성했던 사람들이 새로운 삶을 선택한 것이다.

이들이 추구하는 삶은 덴마크에서 시작돼 1980년대 미국에 급속히 전파된 '코하우징(Cohousing)' 개념으로 마을을 함께 가꾸고 친환경적 삶을 지향하는 것으로서 캐나다, 호주, 스웨덴 등 여러 나라에 퍼지고 있다.

주민들은 지구 온난화의 주범인 화석연료 사용을 극히 자제하고, 태양열 발전이나 수력발전으로 전기를 이용하며, 전력을 아끼기 위해 10와트짜리 백열등 주변에 둘러앉아 식사를 하고, 이메일과 전화, 비디오 시청 등 반드시 필요한 것만 하는 방식으로 전기 소비를 최소화하고 있다. 전기가 많이 드는 냉장고는 없애버리고 대신 아이스박스를 사용하지만, 요리를 위해서는 프로판 가스를 사용한다. 주택은 자연 채광을 위해 창문을 크게 만들었으며, 추위와 더위를 피하기 위해 바닥과 벽을 비교적 두껍게 했다. 나무와 짚, 흙 등 이 지역에서 구할 수 있는 자재를 이용해 집을 짓고 폐타이어에 흙을 채워 만든 집도 있다. 지붕에 떨어지는 빗물을 수조에 모아 마시기도 하고 목욕물로도 사용하며, 일부는 샘물을 끌어다 쓰고 공동 샤워시설이 있으며, 불가마 같은 찜질방도 있다. '오줌 누는 곳'이라는 팻말이 붙은 곳은 조만간 밭으로 개간될 곳이라고 보면 된다고 한다.

주민들은 수입을 공유하는 게 아니라 각자 관리한다. 따라서 일부 은퇴한 사람들은 풍족하고 안락한 생활을 즐기며, 일부는 건설업 등 인근 마을에서 일하기도 한다.

이곳에 거주하는 사람들의 신조는 '내가 먹을 것은 내가 만든다'이다. 입주 과정은 매우 까다로워, 희망자는 최소 6개월간 시험 적응 과정을 통과해야 하고, 전체 회원의 동의를 얻어야 한다. 토지는 마을 공동 소유이지만, 각자 자신이 쓸 땅을 임대한다. 그 때문에 땅 임대료와 주택·에너지비 등을 제외한 입회비를 받으며, 합의제로 주요 의사를 결정한다.

페미니즘 성향이 강하며 요가, 명상 등이 활발하고 '극단적인 솔직', '신부족주의' 같은 말을 자주 들을 수 있으며, 사생활과 남녀관계 등 로맨스가 투명하게 드러나기도 한다. 열심히 일하지 않거나 이상한 버릇이 발견되면 '속마음 털어놓기(Heartshare)'라고 불리는 모임에 호출된다. 또한 세탁소가 없어서 애슈빌 시내까지 나가야 하며, 치과가 없는 것이 불편한 점이다. 이곳에서 전통적인 개념의 가족을 구성하고 있는 사람은 거의 없고 어린이도 없으며, 10대 청소년은 단 한 명뿐이다.

이곳에서 사는 한 구성원은 "우리는 모두 최소주의를 지향하며, 단순해지면 행복해진다는 것을 알게 됐다. 이 생태마을은 환경보전의 자각과 실천을 동시에 수행하는 시험 무대"라고 말했다. 이들은 에너지 위기에 대한 관심이 크며, 석유 정점(Peak Oil) 이론 등을 토대로 이론적 무장도 돼 있다. 석유 정점은 전 세계 석유 매장량의 절반을 소비한 시점부터 석유 생산량이 줄어들기 시작하여 세계 경제가 붕괴하기 시작한다는 것으로, 조만간 이 같은 위기가 닥칠 것으로 우려하고 있다. 주민들은 지구를 더 이상 망가뜨리지 않는 '영속성' 개념을 생활에 도입하고, 친환경적인 삶을 추구하는 '퍼머컬처(permaculture)'를 창조하려 한다. (〈참고〉 Karen Litfin, 『에코빌리지 지구 공동체를 꿈꾸다』)

필자가 생각하는 생활 공동체의 목적은 하나님 안에서 사회·경제 및 문화적 안정된 삶을 유시하여,
　① 사회 및 지역 내에서 존경받는 그리스도적 삶과
　② 각자의 은사대로 경제적 안정을 꾀하고
　③ 공동체 내 독특하고 단합적 문화를 개발하는 것이다.

구체적으로 언급하면, 사회적 공동체로서 외부의 공동체 마을과 네트워크를 구축하여 상생 원리를 도모하고, 정기 교류회를 가지며, 잘못된 법·제도를 개선하여 사회정의를 구현하고, 불우한 이웃과 비 그리스도인까지 수용하는 개방형 시스템을 구성하는 것이다. 경제적으로는 개인의 직업을 존중하면서 비 농사 인력까지도 수용하고, 필요한 공동작업을 위한 협업체제를 별도로 규율화하며, 공동체 내 필요한 기능(목공, 텃밭 관리, 식사·청소 등)을 분담시키고, 자급자족을 위한 사회적 기업(제빵, 과수 등)을 만들어 소득을 증대한다. 토지는 공동체 이름으로 구매하여 임대 방식으로 분배함

으로써 소유 분쟁을 제거하고, 설비·개간·건축 등을 위한 공동기금을 조성하도록 매월 또는 분기별 자율적 정액 분담금을 축재하는 정관을 만든다.

회원 관리는 정·부·예비 회원으로 분류한다. 예비회원은 입촌 후 6개월, 부회원 예비회원에서 1년 간의 생활을 거쳐 정회원의 만장일치로 승격시킨다. 문화적으로는 모든 회원이 한 개 이상의 동아리에서 활동하며, 정기적 행사나 발표회를 통해 회원 간 우애와 협력을 증진시킨다. 또한 각 산하조직은 별도의 운영 위원회를 구성하고 세부 규칙을 제정하면서, 상호 모니터링 시스템을 가동함으로써 오류 및 부정이 발생되지 않도록 사전 조치한다. 상기 열거한 내용 등을 근거로 회원 간 협의를 거쳐 더 구체적인 사항을 완성, 준행토록 약속한다. 물론 이런 규정들은 실제 생활 속에서 수정, 보완되어가면서 더욱 하나님의 뜻과 생각에 근접해갈 것이다.

라온시우터는 '기쁜', '즐거운'이라는 '라온'과 굳게 다져진 공동체라는 '시우터'의 순우리말이 합성된 것으로 '기쁜 우리 공동체'의 의미를 갖고 있다. 2016년 9월에 네이버카페(http://cafe.naver.com/raon-siuter)를 오픈하여 현재까지 주님의 말씀과 공동체 관련 자료들을 회원들과 공유하고 상호의견을 나누며 미래 지향적 공동체의 모습을 그려가고 있다. 그렇기에 지금은 미약하지만 주님이 이끌고 허락하시면 창대해지리라 믿는다. 이 글을 통해 주님의 방법으로 주님의 뜻이 이루어지길 간절히 소망한다.

이 모든 말씀을, 십자가에 달리사 우리 모두를 구원하시고 사랑과 은혜를 한없이 베풀어 주시는 나사렛 주 예수 그리스도의 이름으로 기도합니다. 아멘.